BALTASAR
1910-1993
LOBO

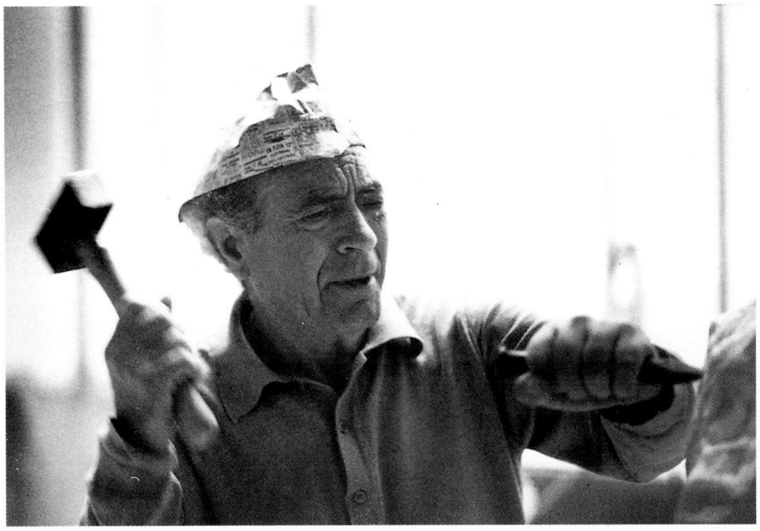

BALTASAR LOBO

1910-1993

Madrid 30 abril - 22 junio 1997

Fundación Cultural **MAPFRE VIDA**

Baltasar Lobo es uno de los escultores españoles más notables de este siglo, al tiempo que uno de los últimos que ha sabido conjugar la tradición de la talla directa y de un oficio milenario, con el afán de novedad y la voluntad de imponer una forma personal de entender el arte y la vida.

En su obra, realizada un tanto al margen de las corrientes mayoritarias del momento pero dentro de una tradición moderna y europea, llaman poderosamente la atención la inmediatez de los motivos, cuando éstos son reconocibles y la sutil pureza de las formas en los años de mayor proximidad con la abstracción.

Baltasar Lobo es un artista de cosas fundamentales y elementales que rara vez necesita escapar de la temática más tradicional de la escultura para hacer valer su intensidad y su personal manera de concebir las cosas.

Desgraciadamente, aún hoy la escultura de Lobo no es suficientemente conocida entre nosotros. Hasta la fecha no se había organizado ninguna exposición que permitiera una revisión completa de toda su trayectoria. Es por ello, por lo que la Fundación Cultural Mapfre Vida dentro de su propósito de acercar a la actualidad a aquellos artistas españoles que, por las razones que fueran, no han alcanzado todavía el reconocimiento que merecen, presenta ahora este homenaje en forma de exposición.

Con esta revisión del escultor Baltasar Lobo no sólo pretendemos reencontrar a uno de nuestros artistas más capaces e importantes de estos últimos años, queremos también llamar la atención sobre un género, como el de la escultura contemporánea española, no suficientemente atendida.

Quiero agradecer muy especialmente la colaboración de todas aquellas personas y entidades que con su generosidad y apoyo han hecho posible este proyecto. Gracias por su entusiasmo y su ayuda, y por haber sabido mantener viva la memoria de uno de los grandes escultores españoles de este siglo.

Juan Fernández-Layos Rubio
PRESIDENTE DE LA FUNDACIÓN CULTURAL MAPFRE VIDA

Exposición

Comisario
Fernando Huici

Coordinación
María Jesús Albiñana Cilveti

Diseño y dirección del montaje
Juan Ariño

Realización del montaje
Exmoarte, S.A.L.

Transportes
T.T.I., S.A. Transporte Internacional
Hasenkamp, Colonia
Möbeltransport AG
André Chenue, S.A.

Seguros
MAPFRE INDUSTRIAL, Sociedad Anónima de Seguros
Kuhn & Bülow, Berlín
A. Morel & Cie., S.A.

Otros servicios
MAPFRE Caución y Crédito Compañía Internacional
de Seguros y Reaseguros, S.A.

Catálogo

Diseño
Juan Ariño
Amaranta Ariño

Fotomecánica
Lucam, S.A.

Fotocomposición
Cromotex, S.A.L.

Impresión
T.F. Artes Gráficas, S.A.

Encuadernación
Ramos, S.A.

Agradecimientos

La Fundación Cultural Mapfre Vida y el comisario de la exposición quieren dejar constancia de su especial gratitud y reconocimiento a Elvira González y al Doctor Peter Nathan por su generosidad, su apoyo y su entusiasmo, decisivos para la buena marcha de este proyecto.

Del mismo modo, quieren expresar su más sincero agradecimiento a todas aquellas personas, entidades e instituciones que con su generosa colaboración han hecho posible esta exposición:

Juana de Aizpuru, Fernando Amor Aragón, Evaristo Arce, Ayuntamiento de Cerecinos de Campos, Gonzalo Azcona, José Badía, Verena Bollmann-Müller, Guillermo Caballero de Luján, Caja España, María Calleja Fernández, Carlos de la Casa Martínez, Colección Arte Contemporáneo, Jesús M. Deza Anta, Diputación Provincial de Zamora, Mariángeles Dueñas, Julia Escobar, Águeda Fernández, Carlos Andrés Fernández, Aurora Fierro, María Fierro Guerra, Galería Daniel Malingue, Galería Elvira González, Galería Guillermo de Osma, Galería Louise Leiris, Galería Nathan, Galería Theo, Ana Galilea Antón, Fernando García Arenal, M.ª Jesús García Armesto, Ricardo García González, María González de Castejón, Elvira González Frax, M.ª Jesús Hernández Rodríguez, Isabel Herrero Lobo, Jesús Huarte Beaumont, Sofía Imber, Junta de Castilla y León, Quentin Laurens, Carmen García, Visitación Lobo, José Antolín Martín Martín, Álvaro Martínez Novillo, Elvira Mignoni, Isabel Mignoni, Ángel Montero Pérez, Lola Moriarty, Museo de Arte Contemporáneo de Caracas Sofía Imber, Museo de Bellas Artes de Bilbao, Fernando Mut, Dr. Peter Nathan, Barbara Nathan-Neher, Marilyn Orozco, Matías Pedruelo Díez, Luis Felipe Pérez Lloch, Personal de la Galería Nathan, Pedro Roda Formariz, Virginia Torrente, Julián Trincado, Manuel Varela, Rosemarie M. Weber, y Miguel Zugaza Miranda, y a todos aquellos que prefirieron permanecer en el anonimato.

Créditos fotográficos

Joaquín Cortés Noriega

Francisco Alcántara
Fotografía Oronoz
Juan García Rosell
José Luis Municio
Morella Muñoz-Tebar
Peter Schibli
Gonzalo de la Serna

y servicios fotográficos de:

Colección Arte Contemporáneo
Galería Elvira González
Galerie Louise Leiris
Museo de Bellas Artes de Bilbao

ÍNDICE

BALTASAR LOBO, EN POS DE UN TORSO SOLAR. FERNANDO HUICI

Pocos tópicos tan cómodos, y tan incómodos a la postre, en el vocabulario de nuestro arte del siglo, como la socorrida muletilla de la llamada *Escuela de París*. En su acepción más extensa, se ha empleado ocasionalmente para designar a la totalidad de los artistas españoles afincados en la capital francesa, incluidas aquellas figuras estelares que, como el inabarcable Picasso, como Gris, Miró, Julio González o Dalí, suelen encontrar mejor acomodo en su inserción dentro de un discurso vertebrado en torno a los movimientos clave de la vanguardia internacional. En su interpretación más restrictiva —y a pesar de que en torno a ella se sitúa, con seguridad, la dimensión más precisa y eficaz del término— la denominación remite a un horizonte de límites no menos inciertos, cuyo censo varía según el criterio de quienes la aplican o el momento al que la refieren, y tiende a incluir a artistas de orientación muy dispar. Históricamente, la rentabilidad del tópico vino alegremente garantizada por el aura de prestigio asociada automáticamente en nuestro país, y especialmente en las primeras décadas de la dictadura franquista, a determinados creadores, por el mero hecho de vivir y trabajar en un centro mítico, por excelencia, de la modernidad y vincular su apuesta, en el grado o sentido que fuera, a rasgos de lenguaje derivados de la estirpe germinal de la vanguardia. Y paralelamente, de un modo no despreciable, una parte de ese prestigio se beneficiaba de la identificación, excesiva en determinados casos, entre emigración artística y exilio político.

Valeriano Bozal ha analizado la compleja y polémica trama que rodea al concepto de *Escuela de París*, tanto referido a su utilización original en el contexto de la propia escena artística francesa, como en relación al núcleo de artistas españoles a los que suele asociarse. Tras desentrañar, en un caso y otro, los nombres que, en un sentido más propio, encarnarían su espíritu, Bozal señala con acierto, a modo de denominador común a todos ellos, la actitud definida por la elección consciente de posiciones moderadas con relación al paradigma vanguardista, concretadas a menudo por síntesis eclécticas, y que, en su renuncia a la pulsión radical específica de las vanguardias, acaban ocupando un lugar esencialmente excéntrico y difícilmente asimilable con relación a un discurso crítico, dominante a lo largo de la segunda mitad del siglo, construido precisamente en torno al carisma y la virtual lógica evolutiva de las citadas vanguardias[1]. En esa línea, resulta comprensible cómo, para los artistas españoles asociados, de un modo más propio, a esa atemperada y excéntrica modernidad de la escuela parisiense —que en el pasado fue, sin duda, un valor añadido en favor de su éxito dentro del más timorato contexto artístico de nuestro país— el término acabará, como ocurre en el propio caso francés y en otros fenómenos análogos de la escena internacional, volviéndose en su contra, relegándolos a un limbo que, sin llegar a diluir por entero su anterior aureola de prestigio, aplaza indefinidamente la oportuna revisión que, sin duda, su obra merece.

Sólo de modo más reciente, a raíz de la crisis del modelo vanguardista y del proceso de debate abierto, desde la pasada década, en torno a los mitos vertebrales de la tradición moderna, comienzan al fin a contemplarse, con otros ojos y criterio más dúctil, esas derivas excéntricas de la memoria artística contemporánea. De ello se ha ido beneficiando ya alguno de los españoles de París, como Óscar Domínguez o Manuel Ángeles Ortiz, en forma todavía deficiente un Bores o un Luis Fernández, pero otros siguen condenados a un injustificable olvido. Y entre estos, hasta ahora, el propio Baltasar Lobo, escultor clave entre los españoles de la escuela parisiense y —dentro del nivel que sigue a esa división estelar incomparable de los Picasso, Julio González, Miró, o los más próximos Chillida y Oteiza—, sin duda, uno de los nombres fundamentales de nuestra escultura del siglo.

Poco sabemos del Lobo escultor, en la década que precede a su llegada a París. Las obras tempranas que de él se conservan, están todas fechadas entre 1924 y 1928, un período que abarca, pues, los tres años finales de su aprendizaje en el taller de imaginería del tallista vallisoletano Ramón Núñez y, en parte, los dos que inician su estancia madrileña. Son, en todo caso, obras de adolescencia que, si bien nos muestran las notables dotes y precoz oficio que avalaban su vocación artística, no pasan tampoco mucho más allá de una comprensible amalgama de ecos escolares, entre los que conviven un naturalismo sentimental, aún ligado a la retórica regionalista, ejercicios de corte académico o algún deje modernista.

Pero del período de Madrid, que sería también el de sus contactos primeros, todavía fragmentarios, con la modernidad, cuanto sabemos sobre la evolución de la escultura de Lobo se reduce a dos fuentes indirectas, los testimonios, más bien parcos y escasamente explícitos, del propio artista, recogidos en algunas entrevistas y semblanzas muy posteriores[2], y sus dibujos de la época, procedentes en su mayoría de la célebre carpeta que llevó consigo su compañera, la escritora Mercedes Guillén, casi como único equipaje en el camino del exilio, y que le servirían al escultor como carta de presentación en su encuentro con Picasso.

Como el mismo Lobo le contaría a Hélène Parmelin, el intempestivo abandono de la Escuela de San Fernando, a los pocos meses de haber ingresado en ella, gracias a una beca de la Diputación zamorana, no fue precisamente por considerar desfasadas las tesis académicas que allí se inculcaban, sino por el tedio que le producía un sistema de enseñanza con excesivo peso de las materias teóricas y que, en cuanto a las técnicas, le imponía un ritmo poco estimulante tras el lustro pasado en el taller de talla de Ramón Núñez[3]. De hecho, el primer contacto con la vanguardia debía esperar todavía un par de años. Las biografías de Lobo suelen identificar ese descubrimiento de la modernidad con el impacto que, en 1928, le produciría la visita a una exposición que reunía en Madrid, entre otras, obras de Picasso, Gris, Miró, Gargallo, Hugué, Cossío, Bores y Dalí. La fecha, dada por el propio escultor, es, en todo caso, imprecisa, pues no puede tratarse sino de la famosa colectiva organizada por la Sociedad de Cursos y Conferencias, que fue la primera en incluir a la totalidad de los artistas españoles afincados entonces en París, y que se celebró en el Jardín Botánico en marzo del 29.

Con todo, por más que despertara su curiosidad hacia el arte nuevo, ese encuentro no supuso, en modo alguno, una conversión inmediata. El mismo Lobo definirá su escultura del período madrileño, lamentablemente desaparecida con el bombardeo que destruyó la casa familiar del artista durante la guerra, como situada todavía en la esfera del realismo[4]. Cabe pensar, sin embargo, que, en el inicio de los treinta, no se trataba ya del naturalismo académico o los dejes modernistas tardíos de los bustos adolescentes que han llegado hasta nosotros. Antes bien, intuimos, su trabajo se inscribiría ya entonces en una línea más cercana a la de los realismos asociados al debate —fundamental en el período republicano y el transcurso de la guerra civil— en torno a un arte de compromiso, alineación que las simpatías de Lobo hacia el anarco-sindicalismo permiten fácilmente suponer. De hecho, los dibujos del período bélico, en la vía de sus ilustraciones para carteles y revistas libertarias, apuntan en ese sentido, por más que su vocación de denuncia de la tragedia se impregne, como era común en tantos artistas del momento, de un mayor énfasis dramático.

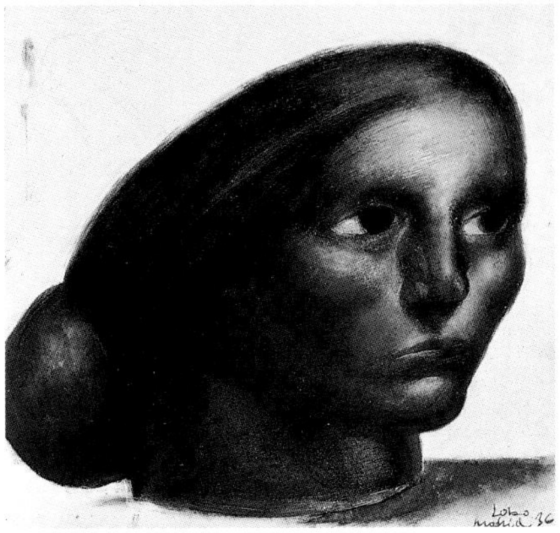

B. Lobo: «Cabeza de mujer con moño», 1936. Dibujo para el periódico *Mujeres Libres*.

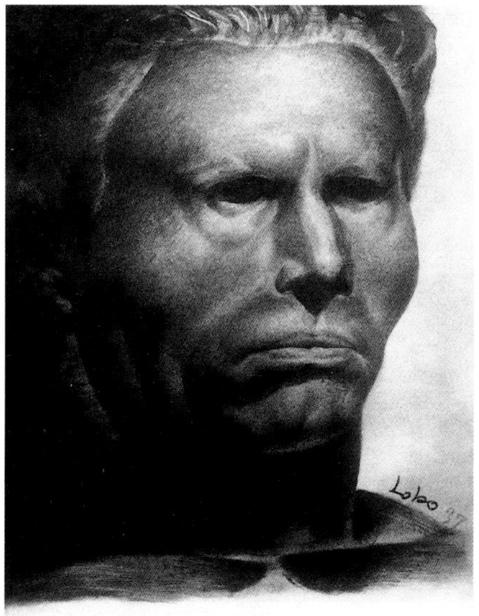

Baltasar Lobo: «Retrato de Durruti», 1937.

Hay, además, en relación a esos años madrileños, otro aspecto, que resulta particularmente significativo con relación a las obras que Lobo realizará, en un primer momento, tras su llegada a París. Me refiero, por supuesto, al, tantas veces señalado, interés del artista zamorano por la escultura arcaica, y en particular por el arte ibérico, que descubriría a través de sus visitas al Museo Arqueológico Nacional. Dos dibujos de aquel momento, apuntes del natural de piezas de dicho museo, dan testimonio puntual de esa fascinación. En ellos, junto a varios exvotos ibéricos en bronce, Lobo incluye el Centauro de Rollo, de la colección Saavedra, y la cabeza del famoso toro androcéfalo conocido como la *Bicha* de Balazote. Y no deja de ser curioso que, con esas dos últimas piezas, elija ya un arquetipo mítico al que él mismo habrá de volver, en múltiples ocasiones, a lo largo de su trayectoria.

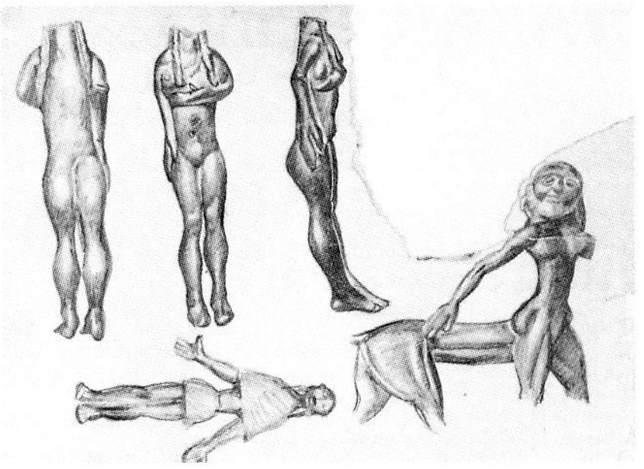

B. Lobo: Bronces ibéricos del Museo Arqueológico Nacional. Dibujo.

En cualquier caso, el interés hacia los modelos arqueológicos, cuya huella se deja sentir, como veremos, en el inicio de la trayectoria parisiense, y que, tan a menudo, se cita como detonante de la ruptura de Lobo con sus raíces más académicas y vía de encuentro con la modernidad, no era, en modo alguno, un elemento extraño al contexto madrileño en el que nuestro joven aspirante a escultor se movía. Sin necesidad de remontarnos al paradigma de las primeras vanguardias y el papel jugado por las artes primitivas o las culturas ar-

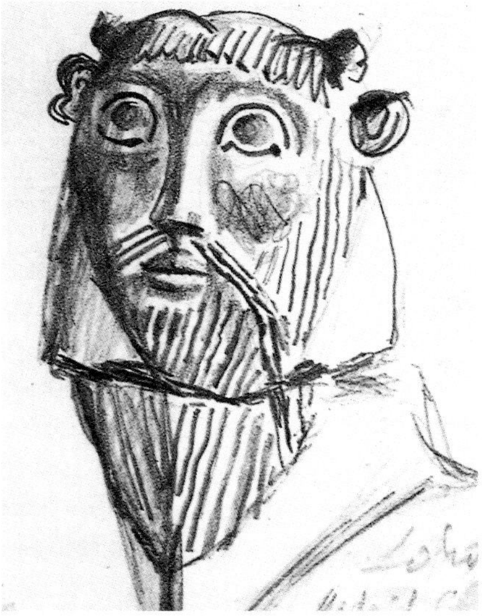

B. Lobo: «Cabeza de la *bicha* de Balazote».

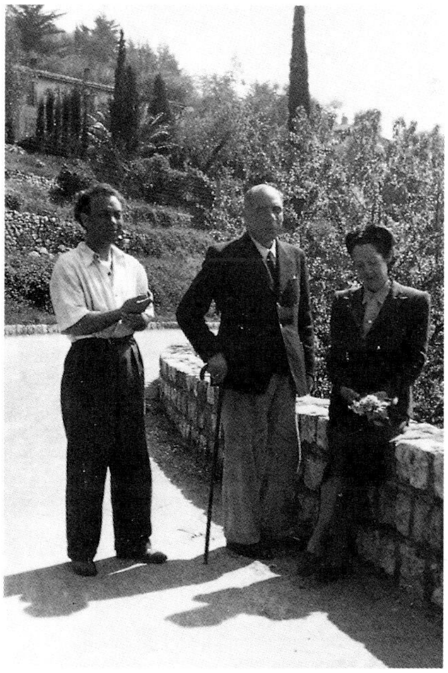

Henri Laurens, con Baltasar Lobo y Mercedes Guillén, 1946.

caicas —recordemos en ese sentido, y en relación al propio arte ibérico, el célebre *affaire* de las cabezas del Cerro de los Santos, *distraídas* de los fondos del Louvre por un tal Géry-Piéret, y que Picasso adquiere, en 1907, por mediación de Apollinaire—, ese seguía siendo un tópico habitual en el debate español de preguerra y jugó un papel no desdeñable en la renovación del realismo escultórico. Baste mencionar, tan sólo, los rasgos arcaizantes de muchos trabajos de Pérez Mateo, los de la *Figura con pez* que le valdría el Premio Nacional de 1933 a un jovencísimo Cristino Mallo, o aquellos que, incluso en forma más radical, presenta alguna cabeza realizada por Ángel Ferrant por esas mismas fechas. Y no en vano este último, en su ideario *De la escultura y su área*, publicado por capítulos en Alfar a principios de los veinte, había incluido ya un párrafo que, con elocuente énfasis, proclama: «*Precioso infantilismo del pueblo griego en su período arcaico, en el que floreció tanta escultura que vivió la vida. Abominable insipidez de las prestigiosas estatuas del período de apogeo histórico en el que la estatuaria aspira a una vida matemática*»[5].

Si nos hemos detenido, en forma tal vez un tanto extensa, en esta reconstrucción arqueológica del primer Lobo, es porque entendemos que ello permite una comprensión más precisa de la obra que reinicia su trayectoria en el exilio parisiense y que es la misma que abre el itinerario evocado por nuestra retrospectiva. No parece, desde luego, que la escultura de la etapa madrileña alcanzara una particular relevancia. Época, sin duda, de tanteos, en pos de una identidad germinal, en pugna además con las servidumbres artesanales que le garantizaban una difícil subsistencia, no hay constancia de que participara en exposición alguna durante ese período, siendo las únicas referencias ciertas las que aluden a su labor militante como ilustrador. Sin embargo, sin el proceso hipotético que hemos evocado, tampoco resultaría inteligible una apuesta como la que inicia su andadura en el exilio.

Lobo llega, sabemos, a París en la primavera del 39. Su primer contacto, ya mencionado, será allí con Picasso, quien acoge bajo su protección al joven compatriota huido, como tantos otros, de los desastres de la guerra, y le abre las puertas del medio artístico de la capital francesa. Conoce así, en los primeros meses, a figuras, en lo que al propio territorio se refiere, como Julio González o Pevsner. Pero, ante todo, tiene en ese mismo momento un segundo encuentro decisivo, el del escultor Henri Laurens[6].

La primera escultura que Lobo realiza en Paris —o, al menos, la primera que ha llegado hasta nosotros—, y que fecha todavía en el 39, es una obra un tanto insólita. En ella utilizará, por última vez, la talla en madera, para un *Homenaje a Federico García Lorca*, encarnado en una guitarra de la más estricta filiación cubista, un tanto ingenua en su mimetismo literal, reflejo, sin duda, del deslumbramiento inicial por esa inmersión, en vivo y en directo, en el corazón mismo del territorio histórico de la vanguardia, y que arrojaba una luz bien distinta sobre la imagen, nebulosa, fragmentaria y, en muchos aspectos, peregrina que se había hecho desde el remoto horizonte madrileño, cuando creía, según le confesó a Hélène Parmelin, que Van Gogh andaba todavía por los trigales, vivo, coleando y pintando aún como si tal cosa[7].

Con todo, fuera de la digresión escolar del homenaje lorquiano, la vía que abre en verdad su andadura parisiense, en un período inicial que cabe situar desde el 40 al 44, tendrá acentos muy diversos, que en buena parte prolongan, con seguridad, rasgos de su andadura madrileña, pero que esbozan también intuiciones elocuentes de su evolución ulterior. En esos años, los de la ocupación alemana, especialmente difíciles para un exiliado de la España republicana, Lobo realiza una treintena de esculturas, de dimensiones modestas en su mayor parte, cuya manifiesta disparidad de acentos traduce un estado de evidente búsqueda compulsiva. Se ha señalado reiteradamente, para el trabajo de esta época, como para esa síntesis ya más personal que abarca la segunda mitad de la década, la impronta de dos factores básicos, el ya mencionado interés por los modelos arcaicos y la influencia de la obra de Laurens. Sin ser inciertos, ambos deben ser también sensiblemente matizados.

Los ecos arcaizantes tienen, en todo caso, grados muy distintos de incidencia u orientación según las obras. Así, la analogía literal buscada en el hieratismo de *El ídolo* del 43, o el énfasis evidente que ésta mantiene todavía en *Pequeña mujer sentada* del 40 o la deidad melancólica de *Mujer con calavera* del 42, tienen un contrapunto radical en la grácil dinámica sensual de la temprana *Mujer con espejo* del 40. En un punto equidistante, se sitúan ya bronces como *Campesina sentada* y *La ciclista*, ambos del 42. En el esquematismo de los rasgos —o en la misma torsión anatómica que, de forma más acentuada en la segunda pieza, parece remitir a las figuras yacentes de la estatuaria funeraria etrusca, al modo del sar-

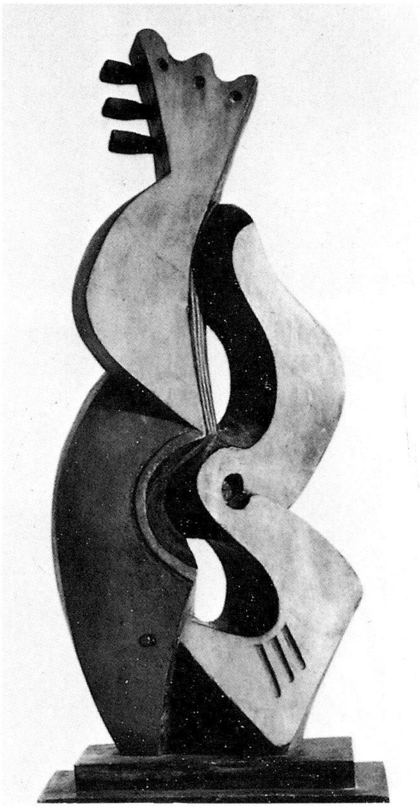
B. Lobo: «Homenaje a Federico García Lorca», 1939.

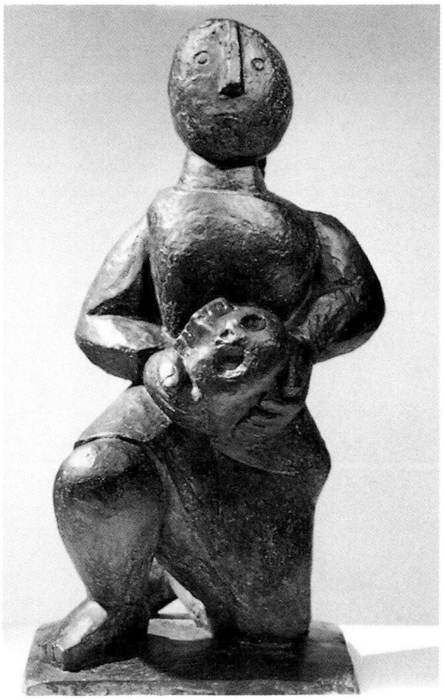
B. Lobo: «Mujer con calavera», 1942.

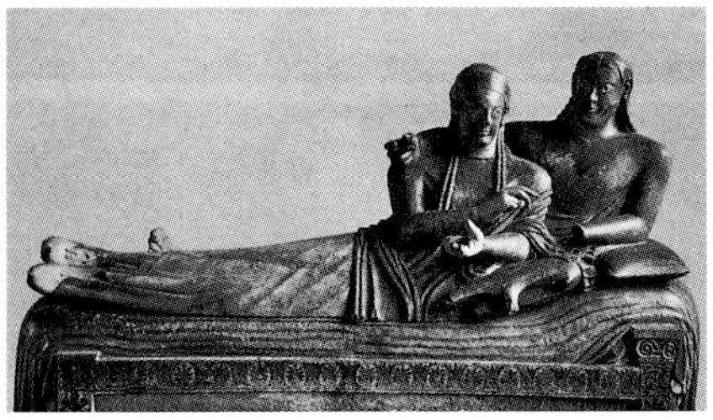

Sarcófago etrusco de Cerveteri. Louvre, París.

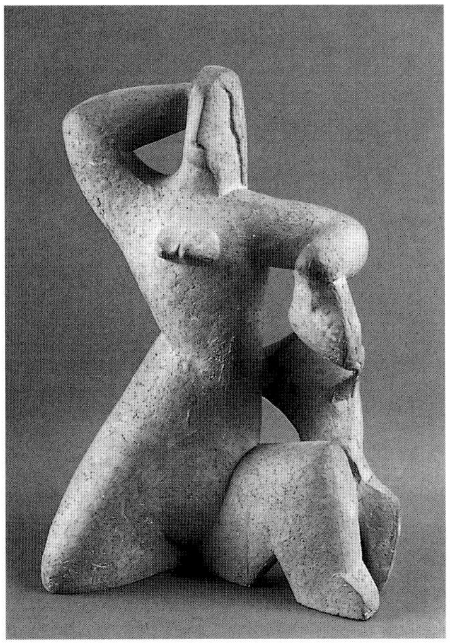

H. Laurens: «Desnudo con los brazos levantados», 1933.

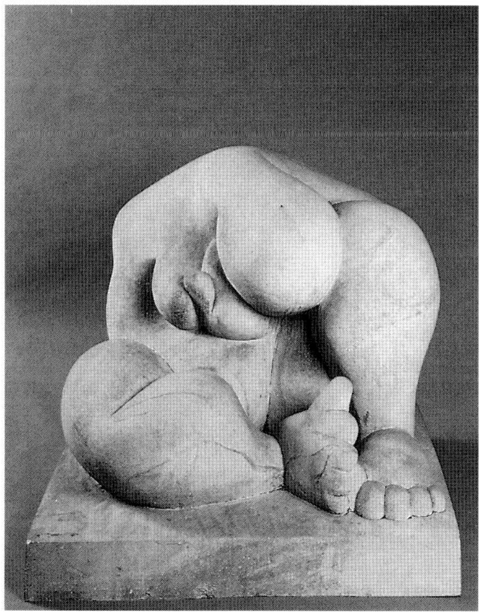

H. Laurens: «El adiós», 1941.

cófago de Cerveteri, que Lobo pudo contemplar en el Louvre—, la lección propiciada desde el paradigma arcaico es ya tan sólo, en interpretación libre, una estrategia para extraer, desde la observación del natural, una expresividad más inmediata y espontánea.

El caso de la influencia de Laurens, uno de los tópicos por excelencia de la literatura sobre Lobo, es, sin embargo, una cuestión más compleja. Figura de referencia en la escultura francesa de entreguerras y uno de los protagonistas históricos de la revolución cubista, Laurens se convertiría, asimismo, en el protector más constante y generoso de Lobo, desde el inicio de su exilio parisiense. Le dio trabajo como ayudante suyo, le cedió ocasionalmente algunas piedras y apadrinó su inclusión en las primeras colectivas que le darían a conocer en la escena francesa.

Sin embargo, la relación de la obra de Lobo en los cuarenta con Laurens no parece tan directa y ni extensa como a veces suele afirmarse. Por supuesto, Lobo tiene bien presente el referente encarnado por su ilustre amigo y protector, y su propio trabajo se mueve en un territorio cuyo espíritu esencial no es, a la postre, muy dispar; pero, más allá, las coincidencias y analogías resultan más bien puntuales. En todo caso, podría apuntarse, por parte de Lobo, la apropiación de algún recurso lingüístico ocasional, como los pequeños pechos cónicos de *La ciclista*, que evocan al Laurens de *Nu aux bras levés, Myrmidia* del 33. Maryvonne Georget ha señalado, con acierto, cómo, más allá de una resonancia genérica —en el tema central, compartido, del desnudo femenino, en los materiales o en las técnicas— tan sólo ciertas obras de Lobo, como la *Leda* del 45 —que marca la frontera con esa identidad más asentada de la segunda mitad de la década— o *Le berceau* del 47 —tan próxima, en nuestra retrospectiva, a *El niño dormido*, del mismo año, o a la *Maternidad* en mármol del 49— permitirían hablar de un parentesco formal más inmediato, en esos cuerpos que se cierran en un bloque, con *Nu acroupi* o *L'adieu* de Laurens[8].

Y aunque la vinculación personal de ambos artistas jugó, sin duda, un papel importante, parece sin embargo más sensato y esclarecedor replantear el tema de las consonancias entre sus obras desde una perspectiva más global, afirmando que lo que determina finalmente la orientación del trabajo de Lobo en esos años no es tanto la fascinación focalizada por un modelo individual como el horizonte definido por un contexto de debate más amplio, en el que ese mismo modelo se inserta. Me refiero, por supuesto, a esa deriva del debate escultórico que se asienta en el contexto francés en el transcurso del período de entreguerras, protagonizada, en una medida sustancial, desde la ruptura, o el distanciamiento, frente a su anterior militancia cubista, por figuras como Lipchitz, Archipenko o el propio Laurens, y que desembocará hacia un interés por lo *orgánico*, del que participan, desde perspectivas diversas, un cierto Picasso o el segundo Arp. La ruptura con el cubismo —o su *humanización*, tal como denominará Lipchitz a su período inicial de emancipación— supone, en definitiva, una renuncia crítica a esa estirpe que el propio movimiento propicia en la senda vertebral de los constructivismos, que se erigía ya en una de las vertientes dominantes en el devenir de la vanguardia escultórica. Y, en muchos de los casos mencionados, la reacción se resolverá en un alineamiento con esa otra vertiente fundacional de la escultura contemporánea que se identifica en la línea que conduce desde un cierto Rodin y el Degas escultor, hasta los bronces de Matisse o figuras como Duchamp-Villon, dentro de esa reflexión enraizada en la tradición estatuaria de la que participa, asimismo, un sector sustancial de la obra de Julio González[9].

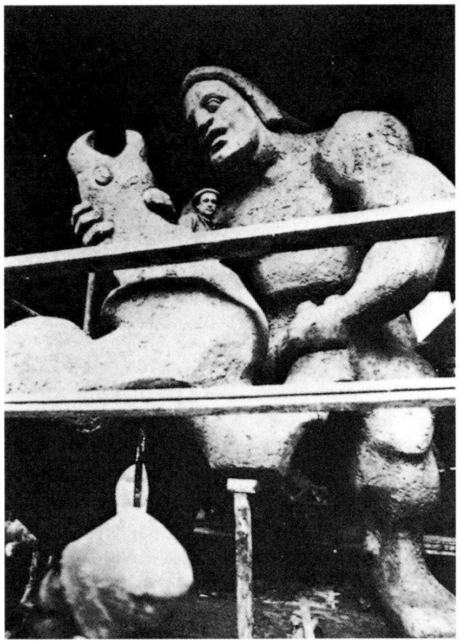

Jacques Lipchitz, trabajando en su «Prometeo estrangulando a un buitre». París, 1937.

Será pues, ese clima —del que se impregna, por supuesto, a través de su relación con Laurens; pero también desde una curiosidad más abierta y diversa por lo que ocurre en su entorno— el que orientará las coordenadas de la búsqueda de Lobo en esos años. Y, en tal sentido, no parece impropio destacar otras concordancias, por cuanto su territorio no resulta muy lejano tampoco al Lipchitz de la versión del 37 de su *Prometeo estrangulando a un buitre* o, en una coincidencia más elocuente, de *Madre e hijo* de la primera mitad de los cuarenta. Incluso una obra como la *Stella primitiva*, origen de una pauta tan fecunda en la evolución de Lobo, sugiere, junto a su razonable deuda con la *Sirena alada* de Laurens del 38, una más inconcreta, aunque bien persistente, resonancia picassiana.

En 1946, Lobo inicia un ciclo de obras en torno al tema de la maternidad, que va a centrar, de modo prácticamente exclusivo, su trabajo escultórico hasta el final de la década, y que se prolongará, ya junto con otros motivos, en la siguiente, alcanzando su culminación en el 53 y diluyéndose definitivamente en el 57. Las maternidades de los cuarenta definen el primer asentamiento de una identidad plena en la evolución del lenguaje de Lobo, así como el inicio de la resonancia de su trabajo en los medios artísticos de la capital

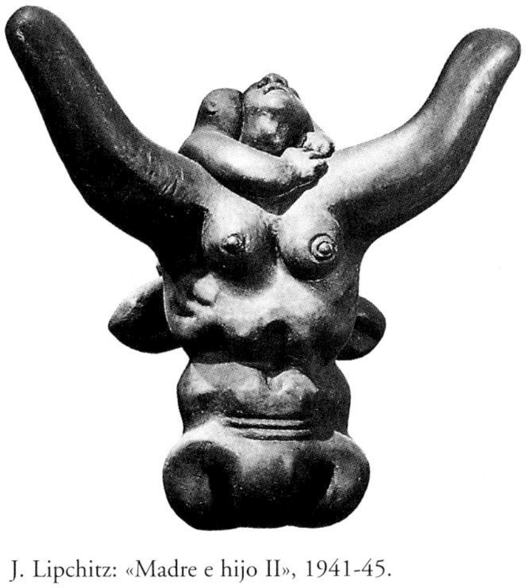

J. Lipchitz: «Madre e hijo II», 1941-45.

francesa, hasta el punto que, durante largo tiempo, su imagen quedará genéricamente asociada a ese tema monográfico. La anécdota que da origen al ciclo es, de sobras, conocida; tras el final de la contienda europea, los Lobo pasan los dos veranos siguientes en La Ciotat, donde el escultor se siente atraído por la imagen de las jóvenes madres que, en la playa, juegan con sus hijos de corta edad o los acunan amorosamente. Una serie de dibujos del natural serán el germen del largo y fecundo ciclo escultórico.

Herbert Read dedicó, en 1966, un pequeño estudio monográfico a las *maternidades* en la obra de Henry Moore, tema que, desde el año 24 hasta el final de su trayectoria, ocupa asimismo un lugar principal entre las obsesiones recurrentes del gran escultor británico. No pretendemos, por supuesto, sugerir tipo alguno de relación efectiva entre Moore y las *maternidades* del Lobo de ese período; luego, a partir del 50 y de la extraordinaria proyección internacional alcanzada por la obra de su colega británico, sería en todo caso más difícil no suponer que Lobo no tuviera en cuenta, en la medida que fuera, su aportación, sólo que ya entonces, como veremos, en relación a cuestiones de orden muy distinto. Lo que nos interesa aquí, sin embargo, del análisis de Read hace referencia a su reflexión más genérica sobre la significación del tema de la *maternidad* y, en particular, al punto en el que destaca el potencial patético inherente a la intensidad del vínculo que una madre establece con su hijo, igualmente asociado a la mayor parte de las representaciones del motivo en la tradición cristiana. Al modo que le caracteriza, Read define el tema de la *maternidad* como un arquetipo, en el sentido más estrictamente *junguiano* del término, y entiende que lo que permite eludir la devaluación sentimental que le resta toda su energía expresiva es, precisamente, la capacidad del artista para reflejar esa dimensión patética. Y lo patético, añade, se refiere en arte, indistintamente, a un sufrimiento pasivo como a la expresión directa de una emoción o un sentimiento [10].

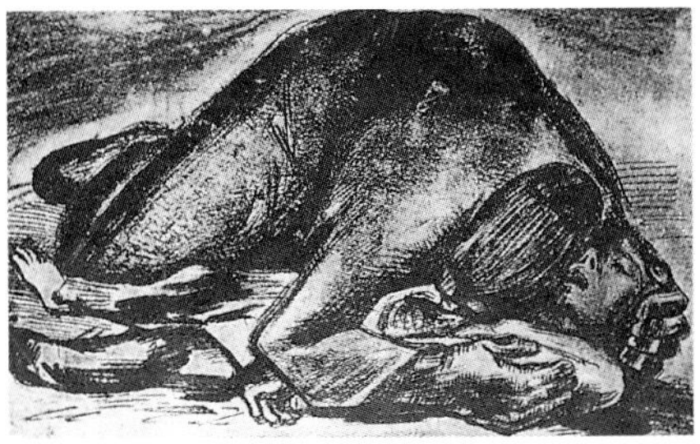
B. Lobo: «Madre e hijo muerto», c. 1938.

Ambas vertientes pueden identificarse, de hecho, en la obra de Lobo. Entre sus dibujos de guerra, hay un emblema desgarrador, en el que una madre abraza el cadáver de su hijo, imagen en la que no es descartable ver un eco del *Guernica* de Picasso, cuadro que, según le contó a Hélène Parmelin, le produjo un vivísimo impacto y del que tenía una reproducción en el frente madrileño [11]. Por otro lado, la interpretación más habitual sobre sus *maternidades* escultóricas se centra, precisamente, en su dimensión simbólica, en clave de una exaltación del renacer de la vida, como reacción frente al tan largo período vivido bajo el despiadado imperio de la muerte y cuyo espectro, no lo olvidemos, se remontaba para Lobo hasta el año 36. En la medida en que toda la obra de Lobo contiene, de forma más o menos explícita, una considerable pulsión alegórica, esa lectura de las *maternidades* parece sin duda razonable. No debería descartarse, en cualquier caso, una motivación adicional de carácter más íntimo, al de una cierta fascinación melancólica asociada a un anhelo que les era negado, por cuanto Mercedes Guillén había abandonado el campo de internamiento, en el que fue recluida a su llegada a Francia, con la salud seriamente quebrantada, lo que le dejaría graves secuelas por el resto de sus días.

Pero más allá de las estrategias alegóricas o las motivaciones privadas, hay también, entendemos, en el origen de las *maternidades* un impulso de origen estrictamente formal, el del fecundo caudal sugerido por el diálogo entre dos cuerpos, uno mayor y otro menor —siendo este último, además, simbólica y morfológicamente, un eco del primero—, con los que se abre una estructura dialéctica de extraordinaria riqueza. En el curso de los cuarenta, Lobo explotará ese potencial en dos líneas distintas. Una, la hemos mencionado ya —que en la exposición correspondería a *El niño dormido*, las *maternidades* en bronce y en mármol del 48, y el bronce del 49—, se orienta hacia una condensación centrípeta de la inercia de ambas formas, confundidas en la pulsión afectiva de una masa única. Es éste, además, un tema que Lobo volverá a desarrollar, en décadas posteriores, con una formulación distinta, pero una vocación equivalente, en el combate pasional del centauro y la mujer, o en la erótica incursión ocasional de los amantes de su *Couple* del 70.

La segunda vertiente de las *maternidades* de Lobo es, de hecho, la que constituirá el eje dominante y de mayor alcance del ciclo, sobre cuyo desarrollo se vertebran, además, las líneas de evolución que orientarán la deriva posterior de su trabajo. Forman esta vertiente —que abre en nuestra muestra el bronce *Mujer con niño* del 47— aquellas obras en las que madre e hijo juegan, y ambos cuerpos despliegan un umbral de articulaciones extraordinariamente dinámicas, esbozando la senda hacia esa ingrávida suspensión que caracterizará los mejores logros de la madurez de Lobo. Y es igualmente este prototipo —la madre balanceándose sobre la curva espalda, brazos y piernas alzados, sosteniendo en alto a su vásta-

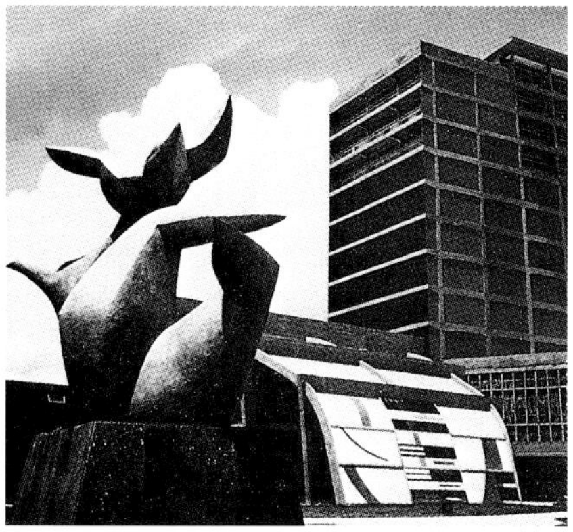

B. Lobo: «Maternidad», 1953. Ciudad Universitaria de Caracas.

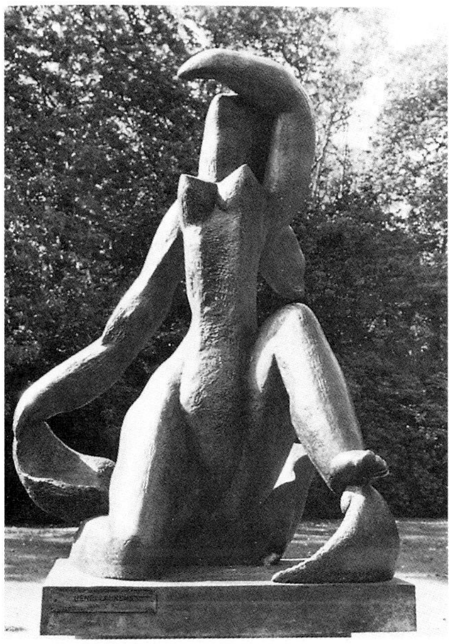

H. Laurens: «Oceánida», 1933.

go— el que centrará el proceso de depuración progresiva que desemboca en la pieza cumbre del ciclo, la gran *Maternidad* del 53, de la Universidad de Caracas. Dos bocetos de esta permiten, en la exposición, apreciar el camino emprendido por Lobo. La plenitud anatómica ha ido cediendo su lugar a una abstracción creciente, más radical en el bronce de menor tamaño, que elimina rasgos y extremidades, afila las aristas en el encuentro de los planos curvos que definen los volúmenes, y ahúsa los miembros acentuando su carácter de meras líneas de fuerza en la exploración dinámica del espacio.

Hay, por demás, algo, en la compleja articulación y circulación energética que componen esas maternidades, que permite inferir otro plano de relación más íntima —ya no basado en semejanzas epidérmicas, sino en una profunda concordancia estructural— entre Lobo y Laurens, asociada al análisis que de la *Oceánida* del 33 de este último hace Werner Hofmann. Alude Hofmann a su condición de sistema dinámico que, pese al carácter compulsivo de los flujos que lo animan, se cierra sobre sí mismo, alcanzando una estabilidad básica, en la medida en que: «*las fuerzas centrífugas se transforman en circulares en la periferia, cuya curvatura remite nuevamente al centro*» [12], descripción que no resulta muy lejana al sutil equilibrio dialéctico entre dinamismo y estabilidad que define a estas piezas del escultor zamorano.

En la tensión de esas *maternidades*, como en los restantes temas que abren la nueva década —*Busto contemplativo, El despertar, Pensativa*— el tránsito a los cincuenta establece, en apariencia, un quiebro radical en los planteamientos de Lobo. Nunca como en ese período —que va, esencialmente, del 51 a mitad de los sesenta, pero que en su lustro final ya esboza un nuevo giro elocuente— el trabajo de nuestro artista alcanza un punto de coincidencia tan radical con los estereotipos vanguardistas, desplazándose hasta las fronteras mismas de la abstracción, aunque sin llegar a renunciar nunca plenamente a sus lazos con la realidad objetiva, como fuente, más o menos remota, de inspiración. El propio artista definirá su postura, en una entrevista realizada en Venezuela en esos años, en los siguientes términos: «*Mi trabajo actual es, como siempre, figurativo; es decir, abstracto. Parte forzosamente de una figuración. Se hace abstracción que se simplifica, que se sintetiza. Y por simplificar esa realidad entiendo concentrar la emoción con el fin de sentirla y comunicarla más directamente.* (...) *No siento la no figuración. Ante una de esas obras —de tanta rebusca intelectual— sólo me siento espectador*» [13].

Tomás Llorens ha recordado el rechazo explícito de la abstracción por el que se pronuncian, en los años treinta, escultores clave como Picasso, Miró y Julio González, o los más jóvenes Giacometti y Moore, cuya posición se inscribe en el debate de entreguerras que antes describíamos y que se prolongará tras la segunda contienda mundial, en consonancia con las corrientes existencialistas, en la pervivencia de actitudes de marcada vocación humanista [14]. De nuevo, ello nos sitúa la propia posición de Lobo, cuya evolución no supondría, en tal sentido, una auténtica ruptura con respecto a la década anterior, sino, tan sólo, un deslizamiento, dentro del mismo contexto básico, hacia opciones de talante más radical.

Una vez más, las lecturas estereotipadas de la trayectoria de Lobo coinciden en apuntar un relevo en las influencias clave sobre su trabajo, donde el paradigma de Laurens se vería sustituido ahora por los de Arp y Brancusi. Y, de nuevo, el tópico requiere una matización más pausada. En cualquier modo, los nombres que componen esa doble elección, como la encarnada por su antecesor, no vendrían a demostrar, precisamente, mal olfato, en la medida en que siguen apuntando, y en mayor medida incluso, hacia puntos de inflexión decisivos en la escultura del siglo. Además, en esta ocasión, la apuesta de Lobo se orientaba hacia un territorio y unos modelos que coincidían, de un modo más propio y consensuado, con una de las líneas dominantes en el horizonte de debate de la década.

Frente a la intrincada y compleja ambivalencia dinámica que prolongan las *maternidades* de esos años, o que a la par resuelven, en clave más abstracta, obras como el *Pájaro con alas desplegadas* del 56 y, en parte, la evolución de las *stellas*, el Lobo de los cincuenta tiende a situar mayoritariamente su trabajo en un territorio que, en un cierto sentido, ofrece un contraste radical con la tendencia que en apariencia dominaba el desarrollo de su obra en la culminación de la década anterior. Me refiero, por supuesto, a esa estabilidad básica que persiguen, en un despliegue horizontal, los bustos y figuras reclinadas del ciclo de las *contemplativas* o los desnudos yacentes, y que construyen, con su simétrica verticalidad totémica, piezas como la *Cabeza de gitana* del 56, el soberbio *Torso* en bronce del 58 o el, algo más tardío, *Busto al sol* del 61. Y ese proceso de contención, opuesto al exacerbado dinamismo de las *maternidades*, y que de modo ocasional alcanza una formulación extrema, actúa dialectimante como un mecanismo higiénico que propiciará la síntesis resuelta en la

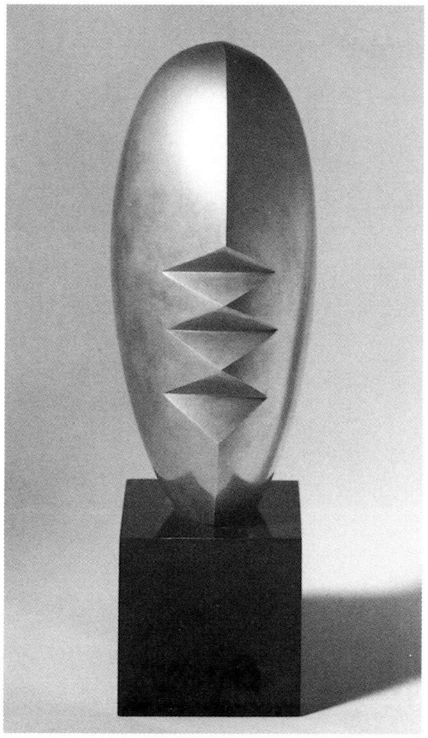

B. Lobo: «Cabeza de gitana», 1957.

fluida suspensión ingrávida que proporciona una sensualidad tan específica a la definitiva madurez de Lobo.

Existen en cualquier caso, como ya hemos insinuado, sensibles rasgos diferenciales en las líneas que acercan la obra de nuestro artista a las pautas acuñadas por Arp o Brancusi. En el primer caso, que es también el que virtualmente arroja una sombra más prolongada y fecunda sobre el devenir del escultor zamorano, la asimilación que Lobo elabora a partir de la organicidad de Arp, muy rara vez permite ser asociada a la elástica distorsión manierista que el artista alsaciano imprime a los torsos más literales del inicio de los treinta, ni a esa libérrima y ambivalente hibridación metamórfica que constituye uno de sus rasgos programáticos más decisivos. Proclamando, desde uno de sus tempranos textos teóricos, la aspiración a «*crear nuevas apariencias y extraer nuevas formas a partir del hombre*»[15], Arp se propuso desplazar a la figura humana de su lugar, central y absoluto, en la tradición estatuaria, elaborando equívocas conformaciones orgánicas, en el límite de la abstracción, donde los ecos, siempre elípticos e imprecisos, de la anatomía humana se funden de modo indistinto con otros, igualmente esquivos, de resonancia animal o vegetal. Con excepción de algunas piezas atípicas del año 57, como *Berceuse* o el *Pájaro herido*, que, por situarse entre las tentativas más literalmente abstractas, pueden sugerir una concordancia más directa, lo cierto es que la concepción de Lobo de la figura humana, sobre la que se define el eje central de toda su obra, establece una distancia infranqueable con relación a Arp, y además por causas no muy dispares a lo que ya lo alejara de la desinhibida modulación serpentina de Laurens. En la etapa más radical de los cincuenta —tal como habían hecho ya en los cuarenta y, más aún, insistirán en las décadas finales de su trayectoria— las figuras de Lobo permanecerán en todo momento, por muy diversos que sean sus ejes de desplazamiento frente al naturalismo, esencialmente fieles a una lógica anatómica de resonancia armónica, sobre la que se asienta, más allá de la disparidad aparente de los sucesivos períodos, la fascinación clasicista que define una de las constantes más íntimas de su identidad creativa. Incluso en obras como el bronce monumental del *Gran desnudo acostado* del 56 o el mármol tan próximo, un año posterior, de la *Figura acostada* del Museo Sofía Imber de Caracas, en las que toda precisión anatómica se diluye en esa síntesis final de la modulación alterna de

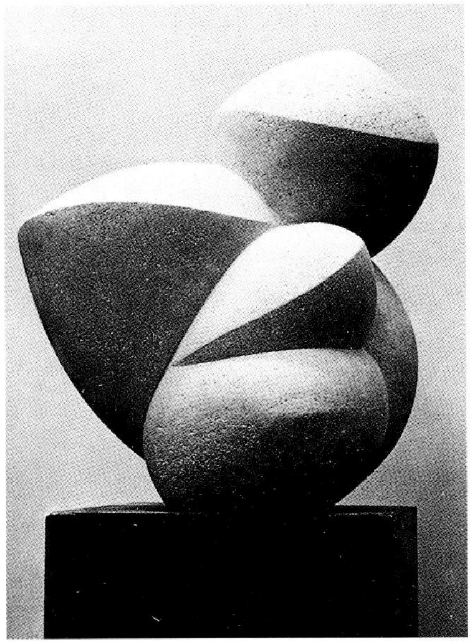
B. Lobo: «Berceuse», 1957.

inflexiones cóncavas y convexas, el ritmo anatómico sigue siendo perceptible, sin distorsión alguna, como lo será aún, en la década siguiente, en la derivación extrema de ese mismo arquetipo, con las dos emocionantes versiones de *El Sena* y su magistral destilación analógica de la memoria del cuerpo en la cadencia ondulante de un mito fluvial.

La relación de Lobo y Brancusi suele ubicarse en el tramo final de los cincuenta, y en ocasiones asociada al impacto que habría causado en nuestro compatriota la muerte del gran escultor rumano, en marzo del 57. En favor de esto último, se aduce la práctica concidencia de fechas con las primeras, y también las más literales, obras brancusianas de nuestro artista, la *Cabeza de gitana* y esa *Selene* con la que se anuncia la vía hacia las cumbres más depuradas y de secreta excelencia del Lobo tardío. Por otro lado, la inclusión, a los dos meses de su fallecimiento, y por vez primera, de un conjunto de obras de Brancusi en el Salón de Mayo parisiense, a cuyo comité organizador estuvo tan íntimamente vinculado el propio Lobo, nos brinda un dato adicional sobre el clima y escenario que habrían concretado ese acercamiento.

Si *Selene* se ajusta al ideal platónico de las formas esenciales de Brancusi, la propia *Cabeza de gitana* adjetiva ya esa alquimia, sumando un acento irónico que será luego característico, en el cambio de década, de otras obras afines, donde la geometrización asociada a los volúmenes elementales, como el ovoide, se abre hacia fórmulas más flexibles. Y así, la mordaz resonancia castiza de mármoles como la *Cabeza de mujer* del 61 o el *Torero* del 62, alcanza una vía de confluencia con el terreno esbozado por Lobo, con sus *cabezas de toro*, desde el inicio de los cincuenta.

No quisiera cerrar el balance de esta década sin referirme a dos últimas obras en las que se reflejan, en forma muy dispar, sendas vertientes propiciadas por la lección brancusiana. El *Torso*, ya mencionado, del 58, con su estricta modulación geométrica y el tratamiento de la luz propiciado por la simetría de sus planos reflectantes, apunta hacia la estirpe más analítica, pero también a la mística solar, que se abre en la herencia de Brancusi. El *Niño de pie*, fechada el mismo año, nos brinda, por su parte, una de las dos versiones del tema con el que Lobo —desde el frágil equilibrio evocado magistralmente en ese infante, en el punto de asumir, con el primer paso, su propio destino— concluye simbólicamente el largo ciclo de las maternidades. Y en ella, Lobo se acerca a ese otro Brancusi, no menos esencial, que extrae su savia de la incontaminada fuente mítica de lo primitivo y lo arcaico, aquel, por tanto, que apela al mismo ideal revivificador que nuestro artista había invocado en sus propios inicios parisienses.

Sin embargo, ninguno de esos extremos se corresponde con lo que, a partir de los sesenta, define el sedimento de la lección de Brancusi en el hacer del Lobo tardío. Ello se debe, esencialmente, a la irrupción de un nuevo y decisivo proceso de cambio que, hacia el ecuador de la nueva década, habrá conformado una definitiva identidad en la apuesta de Lobo, identidad que, sin otras inflexiones en verdad sustanciales, se proyecta fecunda, hasta el final de su andadura creativa. Ese nuevo golpe de timón se produce cuando Lobo ha cumplido ya los cincuenta, edad que define una encrucijada vital en torno a la cual, muchos creadores comienzan a distanciarse de la atención compulsiva hacia la secuencia dominante en el curso de la modernidad. Urgidos, sin duda, por la conciencia de que el propio tiempo empieza a resultar un bien escaso, tienden a ensimismarse en torno a aquellos rasgos que, en la obra, traducen la inquietud más íntima y diferencial del propio discurso.

La metamorfosis que el trabajo de Lobo experimenta entre el 60 y el 65, se deriva, sin duda, de un proceso catártico interior de naturaleza semejante. En síntesis, lo que definirá las coordenadas de la madurez postrera en el artista zamorano, será, finalmente, una acentuación extrema de aquella excentricidad que, recordemos, ya había sesgado, en las décadas precedentes, su lugar específico y el carácter de su relación con los grandes modelos referenciales, y que, asumiendo ahora sin complejos su carácter extemporáneo, dejará aflorar en su búsqueda, con énfasis creciente, el anhelo clasicista que había articulado asimismo, como resonancia larvada, la memoria de su obra.

En cualquier caso, ese cambio trascendental no surge como un corte abrupto ni define, en su devenir, un paisaje uniforme. En los primeros sesenta —y conviviendo con derivaciones tardías, muchas de ellas ya mencionadas, que prolongan el período vanguardista anterior— afloran, de modo intermitente, los síntomas más tempranos. El núcleo más peculiar, entre las tentativas germinales, lo componen un conjunto de motivos animales, arranque de un ciclo que Lobo inicia, con las *cabezas de caballo* del 61 y el *Jabalí* del 62, revisitando una vez más el candoroso naturalismo elemental de la estatuaria arcaica, y al que retornará de modo ocasional, ya con un tipo de síntesis volumétricas más estilizadas, como en *Aves marinas* del 67 o la *Gaviota* del 83, en las siguientes décadas.

Pero el eje vertebral de toda la producción que culmina la trayectoria de Lobo seguirá siendo, por supuesto, el desnudo femenino, paradigma ideal desde el que el artista va a extraer, en esa etapa final, diversas pautas básicas de actuación que definen las vertientes fundamentales de su esplendorosa poética crepuscular. Una de ellas es, obviamente, la que conforman aquellas obras en las que el artista asume en su totalidad la anatomía del cuerpo femenino, aún con la reserva que tiende a diluir, a menudo por entero, los rasgos de la cara o el detalle en manos y pies. Horizonte de referencia que se desdobla en numerosas topologías —*figuras de rodillas, figuras reclinadas, mujeres peinándose, pensativas*— define, en esencia, el territorio donde la evocación clasicista se asume en su formulación aparentemente más directa, hasta alcanzar, en la derivación atípica del abrazo serpentino de la mujer y el centauro su límite naturalista más explícito y literal. Aún así, ciertas inflexiones se orientan, en sentido opuesto, hacia lenguajes de vocación más radical, como en los volúmenes metafísicos de la *Figura reclinada* del 75, la hibridación constructiva de *El reposo* del 85 o las versiones que rescatan, en la *Stella* del 72 y la *Contemplativa* del 75, tipologías tempranas.

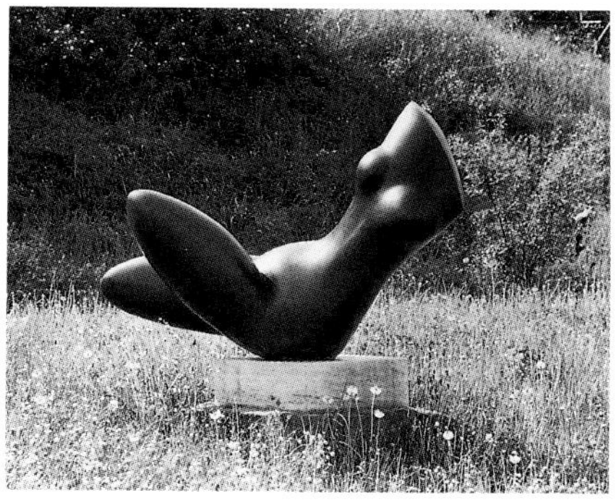

B. Lobo: «Pièce d'eau», 1971.

Pero donde el Lobo tardío alcanza, a mi entender, cotas más altas de concentrada emoción y excelencia es en determinados parajes, los de expresión e impulso más depurados, dentro de esa segunda gran vertiente que su definitiva madurez explora a partir del cuerpo segmentado. Aquí, la búsqueda de Lobo se estructura a partir de tres opciones dominantes. La primera es aquella que funda, con su frontalidad absoluta, la deslumbrante pureza del temprano *Torso* del 62. En la grácil torsión apuntada por la *Figura* del 76, en la sinuosa plenitud carnal de los *courseulles* o del *Torso rojo con cabellos*, o en el vuelo latente de *Oberstdorf* y las reiteradas versiones de *Impulso*, toda su estirpe se despliega mediante modulaciones en torno a una idéntica pulsión vertical.

Una segunda familia define su estructura genética a partir de un rasgo diferencial que ya apuntamos al tratar la culminación del ciclo de las *maternidades*. En su evolución, los cuerpos acéfalos, pero con los muslos, y ocasionalmente el brote de los brazos, esbozados, se atienen a esa curva que, al modo de las cabezas ovales de Brancusi, se asienta sobre una base mínima en su centro y se eleva por los extremos, generando la ilusión de disolver el dictado de la gravedad. En la danza onírica que traza esa suspensión ingrávida, se funden obras como el monumental *Levante* del 62, los *torsos inclinados en el espacio* del 69 y el 70, el cuerpo que se ofrece a la luz en *El alba* del 65 o la exquisita armonía de la *Pièce d'eau* del 71.

Pero es, sin dudar, la tercera de esas estirpes la que, en una síntesis extrema, dibuja la ascética y pristina frontera donde Lobo alcanzará a germinar sus más enigmáticas metáforas corporales. Es, al tiempo, un paraje ignoto donde funden, en una aleación singularmente depurada, las revelaciones intuidas desde Arp y Brancusi. Es, en definitiva, esa constelación que construye, tras *El despertar* del 62, la silenciosa polifonía orbital de los *torsos al sol.*

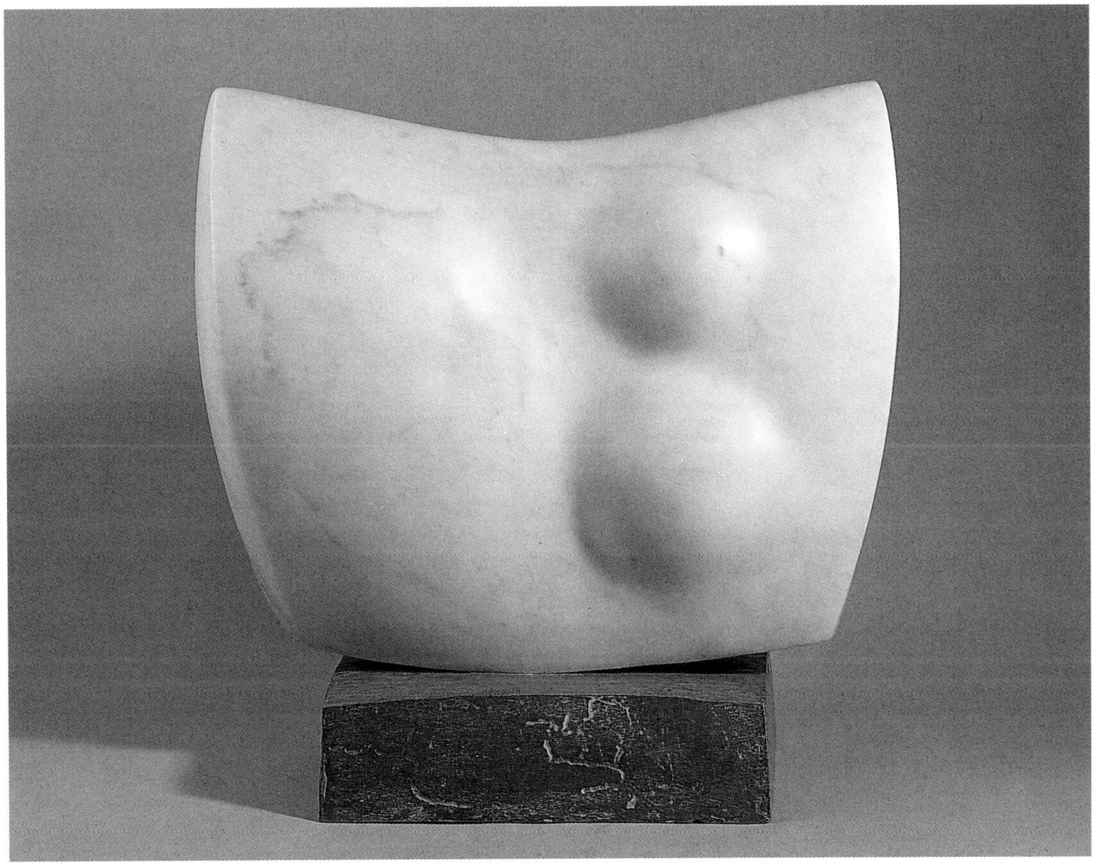

B. Lobo: «El despertar», 1964.

El escultor y teórico Hans Joachim Albrecht ha analizado la memoria de ese torso, acéfalo y despojado de sus extremidades, con el que emerge uno de los temas clave de reflexión en la estatuaria contemporánea. Desde el revolucionario umbral que fundan las fragmentaciones anatómicas de Rodin —quien, a decir de Rilke, «*podía conferir a cualquier parte de esta amplia superficie oscilante la independencia y plenitud de un conjunto*»—, ese torso escueto ha evocado con frecuencia, en el curso del siglo, la naturaleza incompleta que se asocia a nuestra identidad presente. Sin embargo, concluye el mismo Albrecht, quizás en él se exprese, en no menor medida, «*la esperanza de superar el estado de incertidumbre interior mediante la participación en la estabilidad que es propia de las cosas firmes y duraderas. La creación de una obra tendría que posibilitar la transformación de lo humano en algo inmortal, en algo capaz de sobrevivir a la fugacidad del momento, tal vez incluso a la propia caducidad*»[16]. Un anhelo que reconocemos, con certeza, en la ensoñación que Baltasar Lobo persigue, en pos de un torso solar.

Notas

1. Valeriano Bozal, «Artistas españoles en París y en Praga», en *Artistas españoles de París: Praga, 1946*, Madrid, Sala de Exposiciones Casa del Monte, 1993.
2. Ver Joseph-Émile Muller, *Lobo, catalogue raisonné de l'oeuvre sculpté*, París, La Bibliothèque des arts, 1985; Hélène Parmelin, *Lobo. Sculptures 1962-1964*, París, Galerie Villand&Galanis, 1964; Mercedes Guillén, *Artistas españoles de la Escuela de París*, Madrid, Taurus, 1960.
3. Hélène Parmelin, *op. cit.*
4. Hélène Parmelin, *op. cit.*
5. Ángel Ferrant, «De la escultura y su área II. La Forma», en *Alfar* n.º 35, La Coruña, 1923, Reedición facsímil, La Coruña, Nos, 1983.
6. Hélène Parmelin, en *op. cit.* da una versión desconcertante del encuentro con Laurens, por cuanto, al transcribir la larga conversación mantenida con Lobo, pone en boca de éste, que habría utilizado como carta de presentación, en su primera visita al taller de Laurens, su *Ídolo* del 43. De ser cierto, ello retrasaría, casi en cuatro años, el inicio de la relación entre ambos, habitualmente fechado en el 39.
7. Hélène Parmelin, *op. cit.*
8. Maryvonne Georget, «Tradition et modernité», en *Baltasar Lobo*, Royan, Centre d'Arts Plastiques, 1995.
9. Ver Valeriano Bozal, *op. cit.*; Tomás Llorens Serra, «Henry Moore et la fortune critique du mouvement moderne», en *Un siècle de sculpture anglaise*, París, Galerie Nationale du Jeu de Paume, 1996.
10. Herbert Read, *Henry Moore: mère et enfant*, París, Collection d'art Unesco 10/18, 1966.
11. Baltasar Lobo, a propósito de la reproducción del *Guernica* de Picasso, que llega a sus manos en Madrid, durante la guerra civil: *Al principio no me gustaba, la contemplaba. Estábamos conmocionados, inquietos... Más tarde la colgamos. Y entonces empezó todo... Al cabo de cierto tiempo, con otro, fuimos al frente para proyectar el Guernica, sobre dos sábanas, a los combatientes. Era una idea loca, porque del otro lado se pusieron a disparar; fue un tiroteo espantoso...* Citado por Hélène Parmelin, *op. cit.*
12. Werner Hofmann, *Henri Laurens*, Stuttgart, Hatje, 1970.
13. Citado en Mercedes Guillén, *op. cit.*
14. Tomás Llorens Serra, *op. cit.*
15. Jean Arp, citado en Albert E. Elsen, *Modern european sculpture, 1918-1945. Unknown beings and other realities*, New York, George Braziller, 1979.
16. Hans Joachim Albrecht, *Escultura en el Siglo XX*, Barcelona, Blume, 1981.

BALTASAR LOBO. GASTON DIEHL

Un proyecto frustrado

Me enteré de la repentina muerte de Baltasar por una sencilla llamada telefónica de su galería parisina pues Mercedes, su mujer, estaba demasiado afectada. Yo acababa de verle en su taller, donde me enseñó dos obras en curso, ambas en yeso, una pieza pequeña alusiva al deporte y una importante ampliación de esas que hacía durante los últimos años. Estaba lleno de entusiasmo, pero sobre todo me habló de un proyecto que ya habíamos comentado con anterioridad: de qué manera y en qué lugar de España se podría donar un conjunto de su obra.

Más tarde conseguí ver varias veces a Mercedes para darle ánimos, pues no sólo estaba siendo acosada por abogados y notarios, sino también por marchantes y aficionados. Sin embargo su mayor preocupación era encarrilar el proyecto de Baltasar. Pero no pudo ser, y esta vez fue desde Venezuela desde donde me informaron por teléfono que Mercedes había muerto, también repentinamente, dejando tras de sí una verdadera batalla por la sucesión.

¡Fue una lástima que después de tantos años de sacrificio y de esfuerzos no consiguieran realizar su deseo más querido!

Una vida digna y laboriosa

No se puede comprender la vida llena de privaciones y la austeridad de esa pareja si no se tiene en cuenta que, para Lobo, la escultura era, desde su primera juventud, su principal anhelo y que sólo vivía por y para ella, dedicándola todo su tiempo y sus pensamientos hasta el punto de que nunca dejó de trabajar ni pensó en descansar o tomarse unas vacaciones, excepto para ir a Carrara a escoger los mármoles que podían interesarle.

A lo largo de los años siempre les vi tal y como los conocí en el taller de Picasso, pocos meses después de que llegaran a París. Los Lobo conocieron a Picasso en 1939 y él fue quien les consiguió, gracias a sus relaciones, ese humilde alojamiento compuesto por dos habitaciones en los altos de un inmueble, afortunadamente con ascensor, donde también vivían numerosos artistas de todo tipo, lo que hizo más llevadera su integración.

Después de la guerra, de la muerte de su padre y de la destrucción de su taller cerca de Madrid, del éxodo y del internamiento de Mercedes, al que Baltasar pudo escapar, del exilio y de la tentación de reunirse con los demás republicanos en Méjico, ese refugio parisino les resultó especialmente valioso, a pesar de los años de ocupación que se avecinaban y que agravarían sus problemas.

Lobo tuvo la suerte de que Laurens se fijara en él y de que, para ayudarle, le contratara de vez en cuando como ayudante. Durante años Laurens le permitió trabajar sus propias piezas en su jardín llegándole a ofrecer algunas piedras. Pero al principio, obligado como estaba a veces a ocultarse de los alemanes, prefirió realizar su sueño infantil ejecutando pequeñas estatuillas en terracota para las que encontró compradores, pero que sobre todo sirvieron para que en los círculos artísticos se fijaran en él.

A pesar de que se jactaba de ser autodidacta, Baltasar había recibido en realidad una formación insólita, aunque eficaz. Era hijo de un carpintero y desde su más temprana edad estaba acostumbrado a tallar herramientas agrícolas en madera. En 1921, cuando tenía once años, su padre le llevó a la escuela de Benavente, donde aprendió los rudimentos del dibujo. Pero desde el año siguiente, hasta 1927, Lobo empezó a trabajar en el taller de escultura popular religiosa de don Ramón Núñez en Valladolid. Ese duro pero valioso aprendizaje de la talla en madera le valió en su pueblo natal, Cerecinos de Campos, el sobrenombre de «fabricante de santos».

Ya en Madrid, Baltasar se escapó al cabo de tres meses de la tutela clásica de la Academia de Bellas Artes de San Fernando y perdió la beca que le habían concedido. Para sobrevivir en la capital tuvo que proseguir su formación en empresas de adornos funerarios y oficios similares, mientras asistía a los cursos nocturnos y visitaba con gran interés el Museo Arqueológico, donde descubrió el arte ibérico. Otro descubrimiento enriquecedor fue el de una exposición de arte contemporáneo realizada en 1928, en la que participaron Picasso, Miró, Gargallo, Bores, etc. A Lobo le entusiasmó y le confirmó en su vocación de escultor de la que ya llevaba cierto tiempo haciendo gala.

Desgraciadamente muchas circunstancias obstaculizaban y frenaban su ímpetu creativo. Entre otras, las constantes preocupaciones económicas —a pesar de que su familia se había instalado a su lado, montando juntos un pequeño taller—, el servicio militar, que realizó en la aviación en 1932, su matrimonio con Mercedes en 1936 y la guerra civil en la que se alistó en un batallón de anarquistas.

Su taller fue destruido por un bombardeo y de su escultura sólo subsisten las obras de sus inicios, felizmente rescatadas: los retratos de los suyos. En cambio, en sus dibujos, publicados durante la guerra, y en la serie que Mercedes consiguió conservar durante todo el éxodo, se puede observar una singular y prometedora acentuación de la expresión y de los volúmenes. Esos valiosos testimonios bastaron para convencer a Picasso de que tenía que ayudar a su autor.

Su reputación estaba lo suficientemente extendida en los círculos parisinos como para que, al finalizar la guerra, le escogieran para dos importantes exposiciones que reunían, en la plaza Vendôme, a los artistas más notables de la época: en 1945, «Los Maestros del Arte Contemporáneo», en la galería Vendôme y en 1946, «La escultura francesa contemporánea», en la galería Drouin que acababa de presentar a Kandinsky y a Dubuffet.

Hele aquí metido de lleno en el escenario artístico parisino bajo los mejores auspicios y por ello, invitado a otros lugares: Salón de Mayo, Salón de la Joven Escultura, etc., muy pronto vendrían las exposiciones internacionales organizadas por el Ministerio de Exteriores.

Estos inicios, casi inesperados después de tantos años de desesperanza, sufrimientos y privaciones, no lograron modificar su penosa situación financiera. Al contrario, como estaba muy solicitado, tenía que producir bastantes más obras y asumir los gastos de embalaje y de transporte, sin apenas vislumbres de venta. Lobo tuvo que esperar a 1951 para que, avalado por Laurens, la galería Blanche le propusiera una exposición individual en Estocolmo, y para que, en París, la Galería Villand Galanis le incoporara, a partir del año siguiente, a sus muestras colectivas así como para que un conjunto de su obra se exhibiera, en 1955 y 1958, en Caracas y en 1960, en Madrid.

Aunque los éxitos y los encargos se multiplicaban, Lobo siguió afrontando los mismos problemas que se agravaron con la fundición de los bronces. En 1953 recibió un importante encargo para la Universidad Central de Caracas pero él ya había adquirido unos hábitos de gran sencillez y de laboriosidad que no estaba dispuesto a cambiar. Era una especie de código de honor que se había impuesto y que siempre respetó con orgullo.

La importancia de los orígenes campesinos

A pesar de que Lobo generalmente se negaba a hablar de las horas dolorosas de la guerra o del éxodo, su rostro se iluminaba al evocar los recuerdos de infancia en su pueblo de Cerecinos de Campos. Entonces no paraba de contar cosas: sus compañeros de juegos, la feliz jornada de mercado en Benavente, con su desfile de carretas atestadas y de animales que él intentaba dibujar, o que modelaba en una arcilla que después llevaba a cocer al horno del panadero. Todo para él se convertía en placer elemental: la vida de familia, las veladas durante las cuales su padre comentaba El Quijote, etc.

Aunque no hiciera la menor alusión, Lobo también estaba muy apegado a esa tierra natal suya, que exigía de todos paciencia y rigor, a las costumbres y a las tradiciones ancestrales, sometidas a las fuerzas de la naturaleza, a todos los ritos vitales de la fecundidad, tanto los del nacimiento como los de la muerte o los de las cosechas.

Baltasar Lobo iba almacenando en su interior esta suma de creencias heredadas, conservándola con devoción, con el exclusivo fin de permanecer en comunión con la naturaleza y los seres vivos. Su fervor se vio incrementado por el hecho de que vivía en el exilio y en las buhardillas de París. Este conjunto de recuerdos, reales o míticos, procedentes de la memoria campesina popular, le resulta indispensable para alimentar su imaginación creadora y ayudarle a evadirse de las difíciles condiciones de trabajo.

En los albores de su carrera y después de la Liberación, en el 45, Lobo esculpió numerosos personajes de pequeño tamaño, que posteriormente realizó en bronce, tratados muy someramente, con una ruda ingenuidad, de rostro inexpresivo, marcado tan sólo por una nariz, a la manera arcaica. Sin embargo, la ágil disposición de los volúmenes, el porte y la actitud de esas estatuillas les dan un aspecto vivo y característico que, se diga lo que se diga, no tiene nada que ver ni con el cubismo ni mucho menos con Laurens. Casi todas ellas son campesinas sencillamente vestidas, sentadas, arrodilladas o de pie, otras veces un picador y su caballo o un flautista. A mi entender, las figuritas más logradas son una de las primeras terracotas, un exuberante desnudo de flancos redondeados, *Mujer ante el espejo* y la esbelta *Mujer peinándose*, cuya distorsión es tan inverosímil como lograda.

Lo real no tarda en disolverse para dejar paso a lo soñado, esos numerosos desnudos que se multiplican, rotundos y nudosos los unos, o más gráciles y hiératicos los otros y que Lobo bautiza con acierto: *El ídolo*, *Leda*, *Stella*, un esbozo brutal y estilizado. Lobo volverá más tarde sobre algunas de esas figuras, incrementando su poder de seducción.

¿Cómo explicar esa devoción inesperada por la mujer, a la que convierte sucesivamente en vestal, sacerdotisa, orante y, por último, en Divinidad? ¿No es acaso la prueba de un viejo atavismo, de esa creencia campesina en las diosas que gobiernan la vida cotidiana: La Diosa Madre, la Diosa de la Fecundidad, etc.? Ésta es una constante en la existencia del artista que se manifestará de diferentes formas, algunas inesperadas, como puedan ser las referencias a los astros, a la luna, etc.

Los niños voladores

De pronto, un acontecimiento inesperado modificó el monótono discurrir de su existencia, algo recluida, desviando profundamente la trayectoria de su obra.

Con los primeros ingresos, Lobo pudo por fin pagarse unas vacaciones durante el verano de 1946 en la Ciotat que repitió en 1947. ¡Después de tantos años de terribles privaciones, qué placer para ambos gozar de un ambiente que les ayudara a salir del pasado, olvidar la muerte, las dificultades para sobrevivir! Y también la alegría de estar al aire libre, al sol, de descubrir el mar.

Todo era motivo de asombro para el artista, de exaltación ante el espectáculo que contemplaba y él, que nunca tuvo modelos vivos, no paraba de tomar notas. Lobo me contó que desde la vieja torre en la que estaba se veía la playa donde se solazaban las bañistas y los niños y podía dibujarles cómodamente sin molestarles. A esto hay que añadir otra satisfacción: Lobo encuentra en el restaurante a un grupo de obreros españoles.

De estas dos estancias el escultor recogió una cosecha de dibujos de los que durante años extrajo diferentes motivos que traspasó a la escultura. Uno de ellos es un motivo omnipresente, tal vez porque responde mejor a esa doble necesidad que le domina: por un lado, la necesidad de inspirar movimiento, animación a sus estatuillas algo rígidas, incluso hieráticas, y por otro, la necesidad de acercarse a lo humano. Es el tema de la maternidad al que se dedicará con una pasión casi exclusiva hasta 1952 e incluso después.

¿Por qué volvió sobre un tema que ya había tratado de manera desgarradora en aquel dibujo de la mujer llevando a su hijo muerto en los brazos? ¿No será un antídoto a su obsesión? Pero ahora se trata de un canto apasionado a la vida y a la alegría que reviste dos formas diferentes: en la una, los cuerpos de la madre y del hijo están estrechamente enlazados, soldados en un solo bloque, mientras que en la otra los dos cuerpos se separan abiertamente ya que la madre, al jugar con su hijo, lo levanta o lo lanza al aire. En torno a esta postura tan singular como ambigua (¿ofrenda a los dioses, signo de vitalidad o peligro de muerte?) Lobo realizará numerosísimas variaciones, tanto en la actitud y los gestos como en la disposición de los volúmenes o de las formas y esta infinidad de variantes sobre un mismo tema es la prueba de su talento creador.

Lobo consigue desafiar las leyes del equilibrio. El niño gira, revolotea, planea, vuela literalmente, y permanece suspendido en el aire mientras que su madre vigila, piensa, tiende los brazos, se tensa con el esfuerzo, se dobla bajo el peso, o parece jugar y relajarse. Otras veces la masa se ahueca, se horada, se aligera, se disloca, se fragmenta en arcos entrecruzados, mientras que los contornos se estiran, se desgarran, se hacen geométricos o se dilatan, se redondean o se decantan, se amputan al reducirse. Todas estas soluciones son tan inesperadas como seductoras en su diversidad.

El resultado es tan espectacular como imprevisto. A finales de 1954, principios de 1955, asistí con verdadero placer a la instalación de la primera obra monumental de este tipo en el recinto del Rectorado de la Universidad Central de Caracas, donde yo daba clases en aquella época, no lejos de las obras que el arquitecto Carlos Raúl Villanueva había encargado también a Pevsner, Laurens, Arp, Calder, Léger, Vasarely, etc.

Ante el éxito obtenido, la galería Villand Galanis organizó seguidamente varias exposiciones sobre ese tema. Durante ese período surgieron otros temas, por ejemplo esa cabeza altiva y refinada, *Cabeza de toro*, negro, tan típicamente hispánico, o esa figura lánguida, *La contemplativa*, abocada a su posterior repetición y desarrollo.

Un artista de su época

Llegados a esta fase de su evolución, cabe preguntarse lógicamente sobre las influencias que pudo experimentar Lobo aparte de las fuentes campesinas en las que bebió.

Habida cuenta de su amistad con Picasso y Laurens se ha hablado mucho sobre el papel estético que ambos pudieron desempeñar en la obra de Lobo pero, si exceptúamos el hecho de que le animaran a intentar la aventura y a proseguir su propio camino, dicho papel parece, a la larga, muy limitado.

El ambiente de París, sus museos, sus galerías, sus salones, tuvieron mucha más influencia. Yo mismo conseguí que le incluyeran en el Comité directivo del Salón de Mayo donde coincidió con algunos artistas de su generación con quienes expuso o entabló amistad: Lapicque, Estève, Pignon, etc. También frecuentó la importante colonia española que le recibió muy favorablemente.

Como puede leerse en su rostro, en sus ojos chispeantes —muy parecidos a los de Picasso— Lobo era una persona a la vez independiente y curiosa, atenta a enriquecer sus conocimientos y sus relaciones. ¿Cómo no iba a mirar lo que pasaba a su alrededor en el plano artístico, aunque sólo fuese a raíz de las exposiciones a las que le invitaban o en las exposiciones de sus amigos?

En París, la moda de la abstracción geométrica, iniciada con el Salon de las Nuevas Realidades y la Galería Denise René, iba en aumento hasta alcanzar su apogeo con la Academia del Arte Abstracto durante los años cincuenta. Tanto los artistas como las galerías estaban tentados de caer bajo su influencia.

Lobo comprobó que en torno a él, tanto Miró como Bazaine, Manessier, Singier, etc., se acercaban sin decidirse a dar el paso, a «dejarse infectar», como les reprochó entonces León Dagaud. Sin embargo él no dudó en lanzarse instintiva y valientemente en la corriente, aunque escoge una abstracción que tiene mucho más que ver con Brancusi o Arp que con Pevsner o su compatriota y amigo Julio González, como puede verse en su *Busto contemplativo*, de 1952 o *El niño caminando*, tan inspirado en Brancusi.

Entre 1954 y 1957 Lobo llega a una expresión firme, muy sobria, totalmente opuesta a la etérea danza de las maternidades. Se trata de simples volúmenes ovoides bautizados *Cabeza de gitana* o *Selene*, bloques geométricos tallados, *El vuelo*, o completados con una semi-esfera reducida, *Torso*, elementos que se entrecruzan y se estilizan, «Stella», de los que va a sacar muchas variantes a partir del sujeto inicial hombre-mujer. Son una serie de puntos de referencia sorprendentes para su posterior evolución, en el sentido de la voluntad de plenitud, de condensación. Bajo su rudeza, se puede percibir un toque de ternura y una necesidad de grandeza, de monumentalidad, que acabarán triunfando en la serie de piezas que vendrá después.

El esplendor de los cuerpos amputados

Se produce entonces un paciente proceso de búsqueda para restablecer alguna alusión a lo real y reintroducir volúmenes, más redondeados y más desarrollados, como el bulboso y vertical *Busto al sol*, el magistral e imponente *Gran desnudo alargado*, con su soberbia sucesión de abultamientos o los intentos más rítmicos, *El pájaro*, *La gaviota*, que Lobo realiza a partir de 1961. Con su sorprendente *Cabeza de caballo*, digno recuerdo de su admiración por el arte arcaico ibérico, Lobo hace una pausa, como si quisiera demostrar su extremada y minuciosa pericia en el tratamiento del mármol blanco o gris, pero sigue desarrollando la flexibilidad de los volúmenes. Así aparecen la solemne serie de los desnudos tripudos, *El levante* y sobre todo las *Pareja*, con sus esbeltos abultamientos, o esas cabezas donde se desliza una pizca de humor, *Torero*, que se hizo muy pronto famosa por su brevedad, y, por último, las diferentes *Cabeza con moño* o el *Torso con mano* del año 64.

Otros motivos más serios, aunque algo imprevistos, empiezan a pasar al plano principal. Por ejemplo, el famoso torso «Courcelles», en bronce, o las variantes del *El despertar*. Se trata de fragmentos de cuerpos femeninos tratados en bronce o en mármol: bustos, cuerpos por la mitad, torsos desprovistos de miembros y de cabeza, simples rectángulos o triángulos, donde a veces se destaca el pecho, y de forma más accesoria el vientre. Lobo apenas había esbozado estos temas anteriormente pero ante el éxito obtenido tiene tendencia a multiplicarlos durante varios años.

Nos preguntamos cómo es posible que tales elementos, símbolos de la feminidad —senos y vientres— puedan ser exhibidos en su desnudez sin incurrir en algún tipo de censura.

Es más, ¿cómo es posible que esos cuerpos mermados, mutilados, desmantelados, no provoquen malestar o indignación en el espectador?

Dejando de lado su aparente sensualidad, el espectáculo que ofrecen fascina y atrae. La belleza intrínseca de esos cuerpos fragmentados —que no tienen nada que envidiar a los tradicionales modelos de la antigüedad o del clasicismo— les protege, por su propia pureza, de cualquier interpretación falsa.

Aunque sólo fueran pedazos escogidos estos fragmentos bastarían para sugerir el cuerpo entero en todo su esplendor, descartando la idea de la muerte, siempre latente en Lobo. El brillo modulado del bronce, el calor lechoso del mármol que simula la piel, suscitan, por sü nobleza, un sentimiento de veneración.

El universo de este creador de lo sagrado ya está preparado para alcanzar su máxima expresión y no dejará de incrementarla con un imponente equilibrio que a veces tiende a debilitar, como ocurre en el *Torso inclinado en el espacio*, de 1962, que repite en 1970. Lobo también intensificará su fuerza expresiva en su nueva versión de *El despertar*, de 1972, alcanzando su más radiante simplificación con «Elba» de 1962 y, ese mismo año, con una *Pensativa arrodillada*, donde el cuerpo está enteramente reconstituido.

Paralelamente a los diversos cuerpos amputados, Lobo vuelve a la antigua fórmula de la *Bañista*, nacida del espectáculo de la Ciotat a la que renueva dotándola de una mayor amplitud, como en la de 1960, o animándola, como en la de 1968 o en la llamada «Oberstdorf» de 1971. No sólo el cuerpo ha recuperado por completo su aspecto sino que Lobo le añade una evidente seducción en el gesto y los detalles de su graciosa *Mujer peinándose*.

En esa admirable procesión de desnudos amputados o enteros, que a veces resulta difícil identificar porque van bastante seguidos, Lobo introduce ahora un ligero movimiento que hace que la silueta se ondule, se incline y se balancee, acentuando su aspecto vivo sin merma de su natural majestad, como en varias piezas conocidas que van de 1971 a 1976: *Pieza de agua*, *Al sol*, la bien llamada *Impulso* o *Torso arrodillado*. Resulta difícil no maravillarse ante su facilidad para dilatar la piedra o el bronce con una vitalidad y una energía que apenas se encuentran en sus colegas.

Resulta evidente que Lobo, por su evidente personalidad y por su raro grado de productividad, se sitúa fuera de las corrientes de la época. La lista de sus exposiciones nos desvela la infatigable e intensa labor que ha tenido que desarrollar para responder a sus compromisos, que se han multiplicado vertiginosamente a lo largo de estas dos décadas.

Sin mencionar la participación en innumerables exposiciones colectivas, la simple enumeración de sus exposiciones personales resulta convincente y revela su rápida ascensión, tanto en Francia como en el extranjero. En 1952, la Galería Villand Galanis le ofreció una oportunidad en París que, diez años después, del 62 al 68, se hizo bienal. Caracas tomó el relevo en 1958, así como Madrid en el 60. Nuevamente Caracas en el 68, al año siguiente en Zurich se presentó con el pintor Lanskoy, después una vez más Madrid en el 70. Ese mismo año estuvo en las Casas de la Cultura de Caen y de Bourges, donde le acompañé para admirar 99 obras, en Berlín le volví a acompañar en el 72, en el 73, Düsseldorf, Valencia, Ulm, en el 74 Zurich para inaugurar la galería Nathan y Bilbao y en el 75 Luxemburgo y Zurich.

Para un artista, tener que responder a semejante avalancha de solicitaciones casi anuales es algo más que temeroso, es terrible, un esfuerzo verdaderamente titánico.

El apoyo del Olimpo

Para descansar, Lobo aceptó en 1977 la propuesta que le hicieron unos amigos de viajar por Grecia y Creta. Era una tentación que le había perseguido con tenacidad desde la infancia, desde que su padre le contaba los relatos de la Odisea y desde sus visitas al Museo Arqueológico de Madrid. Nada más normal que sentirse atraído por los mitos mediterráneos que además él se complacía en evocar de vez en cuando, como por ejemplo en la terracota *El fauno y el centauro*, de 1968 o su ondulante *Centaura con cola de caballo*, en bronce de 1975 y el premonitorio *Centauro herido*, de 1976, tallado en mármol rojo.

Para él fue muy emocionante contemplar en el museo de Olimpia las copias o los originales de las metopas del templo de Zeus relatando el combate de los Lapitas y los Centauros, de los que tomó notas. A su regreso estaba deseoso de inspirarse en esas escenas renovando así los personajes de su panteón imaginario. Después de la feliz tranquilidad de todos esos años en los que intentó excluir de su obra cualquier recuerdo de los horrores de la guerra tan dolorosamente vividos, Lobo parece incluso recrearse en ese ambiente. Surgen así los violentos abrazos amorosos o bélicos, tratados con una barroca fogosidad vinculada a la eminencia de la muerte. Se trata de una serie de cerámicas, esculturas en bronce o esculpidas en un dramático mármol rojo que llevan los títulos específicos de *Centauro herido*, *Centauro moribundo*, *Teseo y el Minotauro*, en homenaje a su paso por Creta, o simplemente *Centaura* o el sintético *Bustocentaura*, de 1979.

Sin esperar el final de este entreacto de apenas dos años, Lobo retoma el curso de sus investigaciones encaminadas a modificar la apariencia formal o el porte, que ya había iniciado en 1977 con sus nerviosas y altivas figuras acompasadas de *De cara al viento*, en mármol rojo o gris de 1977, la sinuosa *Sena*, en bronce, y sus habituales bañistas *El descanso* de 1979 y *La isla de levante* de 1981, algo más recogida. Lobo se complace en dilatar y redondear, en el luminoso mármol de Carrara, los volúmenes en la sugestiva *Gaviota* del 84 y la figura, tan cercana a pesar de su diferente naturaleza, de *El descanso* o *Dormida* de 1985. Este principio de dilatación de los volúmenes hizo escuela en la época.

Lobo reanuda, con más fervor si cabe, las esbeltas figuras de antaño, acentuando su actitud graciosa y reservada, como *Mujer peinándose*, *Muchacha con las manos cruzadas* de 1981 o las posteriores *Muchacha arrodillada* y *Mujer sentada con las manos cruzadas*, unas y otras en dimensiones y posturas algo renovadas. Ante la proliferación de pedidos procedentes de todas partes, incluido el Japón, Lobo decide ampliar algunos de sus temas preferidos, lo que le permite realizar, conforme a sus deseos, algunas modificaciones en las propias estructuras de las piezas. Además, estas piezas en yeso le resultan muy adecuadas porque el médico le aconsejó que no esculpiera en piedra.

La simple enumeración de los lugares de presentación, cada vez más numerosos, dan la medida de sus meritorios esfuerzos: en el 77 Alicante, Barcelona, Luxemburgo; en el 78 Valencia, Albi; en el 79 Zurich; en el 80 Lausanne, Francfort, Alicante, Valencia; en el 81 Caracas; en el 84 Cerecinos de Campos, Valencia; en el 85 Zurich; en el 88 París; en el 84 Tokio, Caracas; en el 92 Linz, Tubingen, Osaka, Naoya; en el 93 Caracas. Se había convertido en una celebridad solicitada y homenajeada, pero esa ronda infernal se desarrolló a expensas de su salud.

Lobo sigue conservando su maestría y la lista se completa con una serie floreciente de imponentes piezas monumentales: en el 88 *Al sol*; en el 91 las dos versiones de *El despertar*, la radiante *Mujer ante el espejo*, así como las ondulantes *Frente al espejo* o *Mujer de pie con las piernas cruzadas*. En 1993 la muerte puso término a este fastuoso desfile.

Suntuosidad y espiritualidad de la carne

Si consideramos el conjunto de la obra de este gran escultor podemos comprobar dos cosas:

— Que Lobo manifiesta con humildad su absoluto desprendimiento de los bienes materiales así como de los privilegios u honores, con el único fin de satisfacer su necesidad de creatividad para transcribir lo que considera esencial: la glorificación de la vida y la comunión con el universo.

— Que para conseguirlo, Lobo practica una expresión directa, concisa, sin gestos ni detalles inútiles, para evocar, de acuerdo con un viejo atavismo, la presencia ensoñadora de una suerte de Diosa-Madre o de vestal protectora de lugares y seres.

Cabría preguntarse si Lobo no se ha visto obligado, en escultura, a acercarse a una realidad tangible en vez de conformarse con un símbolo impalpable. Desde muy pronto, convirtió a la humilde campesina que utilizó al principio en arquetipo femenino, en una divinidad de radiante desnudez que se ofrece tranquilamente a las miradas de todos. Otras preguntas serían si, encerrado en la soledad de su taller, no se vio empujado, según el precepto platónico, a buscar algún modo de evasión en lo imaginario y si, por añadidura, amalgamar sus recuerdos en la elaboración de la imagen sin tener que recurrir a ningún modelo no sería para él más que un juego.

El espectáculo que contempló en la Ciotat y la emoción que le produjo alimentaron durante mucho tiempo su fervor por describir e inventar los centenares de gestos que reproducen la tierna complicidad que hay, hasta la muerte, entre una madre y su hijo. Lobo se entrega a la belleza del cuerpo femenino pero, apartándose de la vía clásica, opta por la síntesis abstracta de la fragmentación de dicho cuerpo, de su reducción a lo elemental. Troncos, bustos, cabezas sin rostro, son por sí solos tremendamente sugestivos. Recordemos los ojos vacíos de los lienzos de Modigliani, tan conmovedores. Sus desnudos, fragmentados o totales, están tratados con cuidado y pasión para dotarlos de una apariencia atractiva a la que Lobo añade tanta nobleza que suscitan más respeto que pensamientos sensuales.

¡Qué ambiente de apacible recogimiento emana de esos cuerpos sublimes, lánguidos o fieramente erguidos!, ¡qué impulso se desprende de esas elegantes sinuosidades, de esas curvas y contracurvas entrelazadas, de esos flancos redondeados, transfigurados en carne pulposa, palpitante que resplandece para mejor celebrar y encarnar el canto de vida que Lobo sabe transmitir tanto al reino animal —pájaro, toro, jabalí etc.— como a la propia naturaleza —río, viento, astro, etc.— en un sentimiento panteísta!

Toda su obra, incluidos actitudes y ritmos, refleja una instintiva aspiración a lo sagrado que en nuestra época muy pocos artistas, excepto Brancusi, están capacitados para concebir e interpretar. Esta especificidad determina la excepcional calidad de su contribución.

Lobo es un ser apasionado que, pese a todo, consigue dominar y canalizar su exultante alegría de vivir para insertarla en un clasicismo muy suyo, que se caracteriza por un sereno equilibrio, al tiempo que acepta el reto de un atrevido modernismo en la invención de las formas. Por otra parte nunca dejó de reivindicar, con su acostumbrada energía, esa sed de libertad de que hizo gala durante la guerra y que siempre esgrimió con su comportamiento: su independencia ante las modas o las tendencias, su rechazo a solicitar apoyos o favores. Por eso su éxito, conseguido a costa de tantos sacrificios, es más meritorio.

La magia de la mano y del material

El largo aprendizaje de su juventud y los posteriores años de práctica en diferentes técnicas para sobrevivir, le llevaron a adquirir una amplia experiencia, que no se consigue en la escuela, así como un sentido del cumplimiento del deber frente a las dificultades. Lobo tenía sobradas razones para sentirse orgulloso de sus conocimientos artesanales, que implican modestia, tenacidad, destreza y que le valieron la confianza y la ayuda de Laurens.

Mientras que Mercedes prosigue su vocación de poeta y traductora, su esposo, seguro de su notable pericia, se esfuerza en conseguir la variante más adecuada para la ampliación de las piezas. Además, pone un empeño especial porque no se sintió muy feliz con los monumentos funerarios de Annecy y Zamora, los únicos encargos de este tipo que aceptó. Si a esto añadimos que utilizaba su experiencia para aureolar el poético cortejo de las divinidades que su imaginación produjo durante su existencia, no nos cabe duda de que estaba preparado para conseguirlo.

Hay que tener en cuenta que Lobo es de los pocos escultores capacitados para hacerse cargo de todas las etapas del oficio, desde el desbastado de la masa hasta el delicado pulido final de la pieza. Con sólo ver el bloque, era capaz de saber el tipo de obra que se podía obtener de él ¡y con cuánta paciencia y cuánto amor se dedicaba a trabajarla con el buril!, igual que cuando intentaba conseguir con el yeso los volúmenes y superficies deseados. ¡Con cuánto cuidado y placer reproducía lentamente en mármol o en bronce todo el temblor y todo el satinado de la piel! En cambio, en los dibujos prefería la línea escueta o el rápido haz de rasgos curvilíneos para copiar el instante, el movimiento, o para subrayar bruscamente el relieve de los músculos o de los volúmenes.

¡Con qué sensibilidad, con qué refinamiento elige los materiales según su grado de resistencia o color y en función del tamaño de la pieza y del tema previsto! Aunque suele preferir el mármol blanco de Carrara, que a veces trabaja *in situ*, también recurre al mármol rojo de Alicante, al mármol amarillo de Siena, al granito negro de Bélgica, al mármol amarillo o rosa de Portugal, más raramente al mármol blanco de Paros, al mármol rosa de Milán, al alabastro, a la piedra de Borgoña o al ónix verde. Muchas veces le he visto horas y horas en las Fundiciones Susse, haciendo retoques o acabados, y vigilando o rectificando pátinas y barnices.

Que nadie se llame a engaño, esta preocupación por el mínimo detalle demuestra claramente que Lobo, bajo su natural simplicidad, era consciente de las exigencias de su oficio y de la alta calidad de su trabajo, con el fin de conferir a su obra esa majestuosa y humana grandeza cuyo secreto posee.

Traducción: **Julia Escobar Moreno**

CATÁLOGO

MUJER CON ESPEJO. 1940

Terracota, 20 x 20 x 15 cm

Colección particular

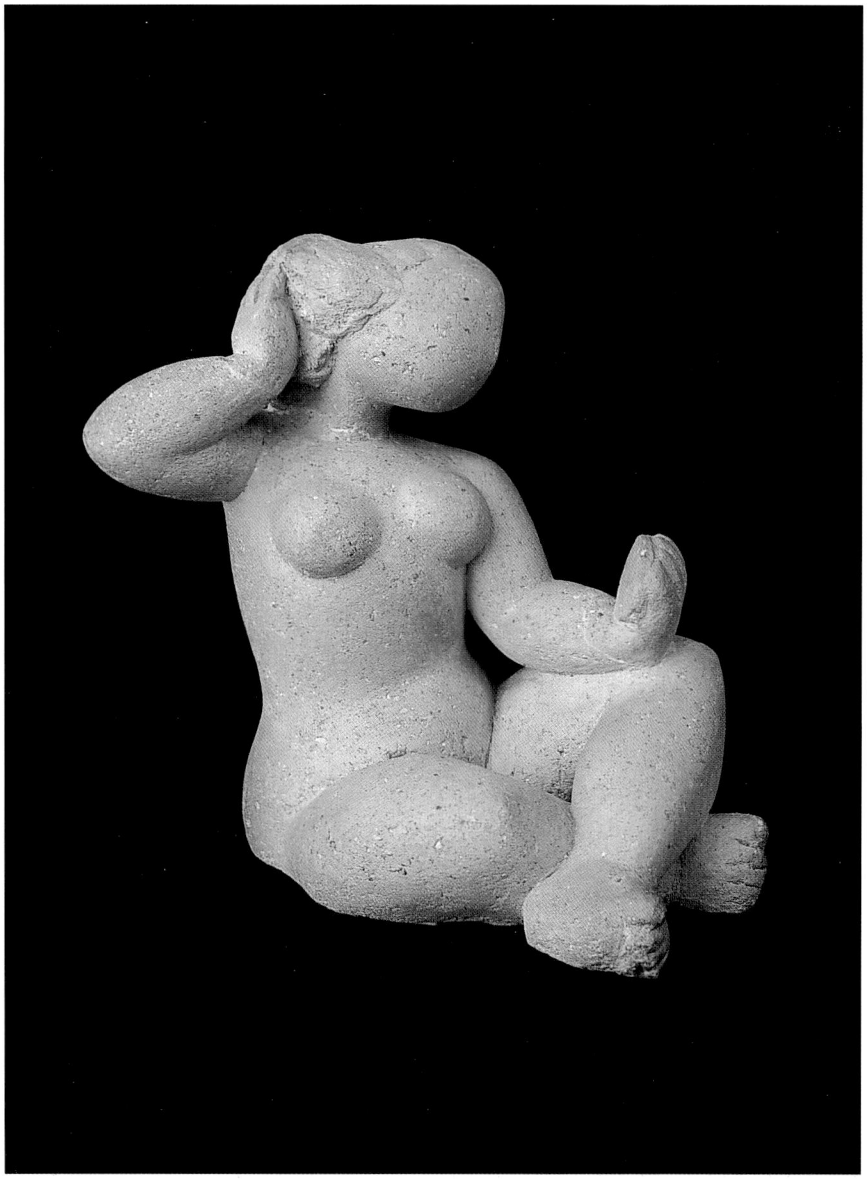

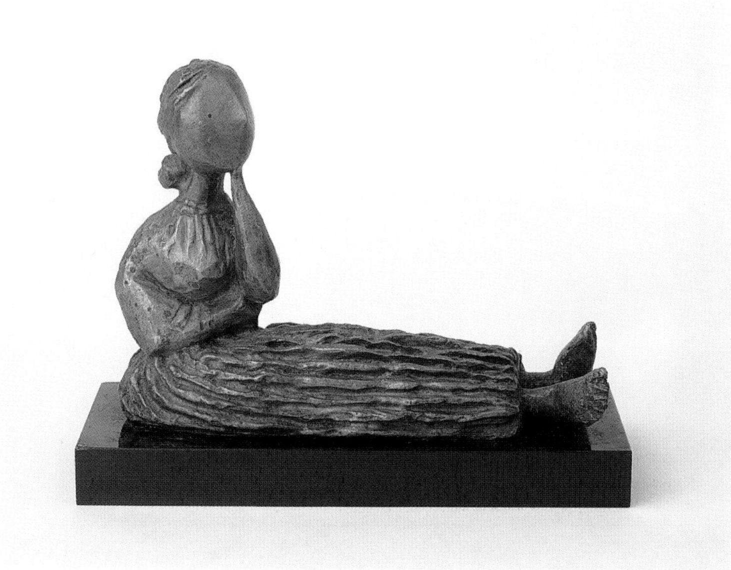

PEQUEÑA MUJER SENTADA. 1940

Bronce, 12,5 x 16,5 x 6 cm

Patronato Baltasar Lobo

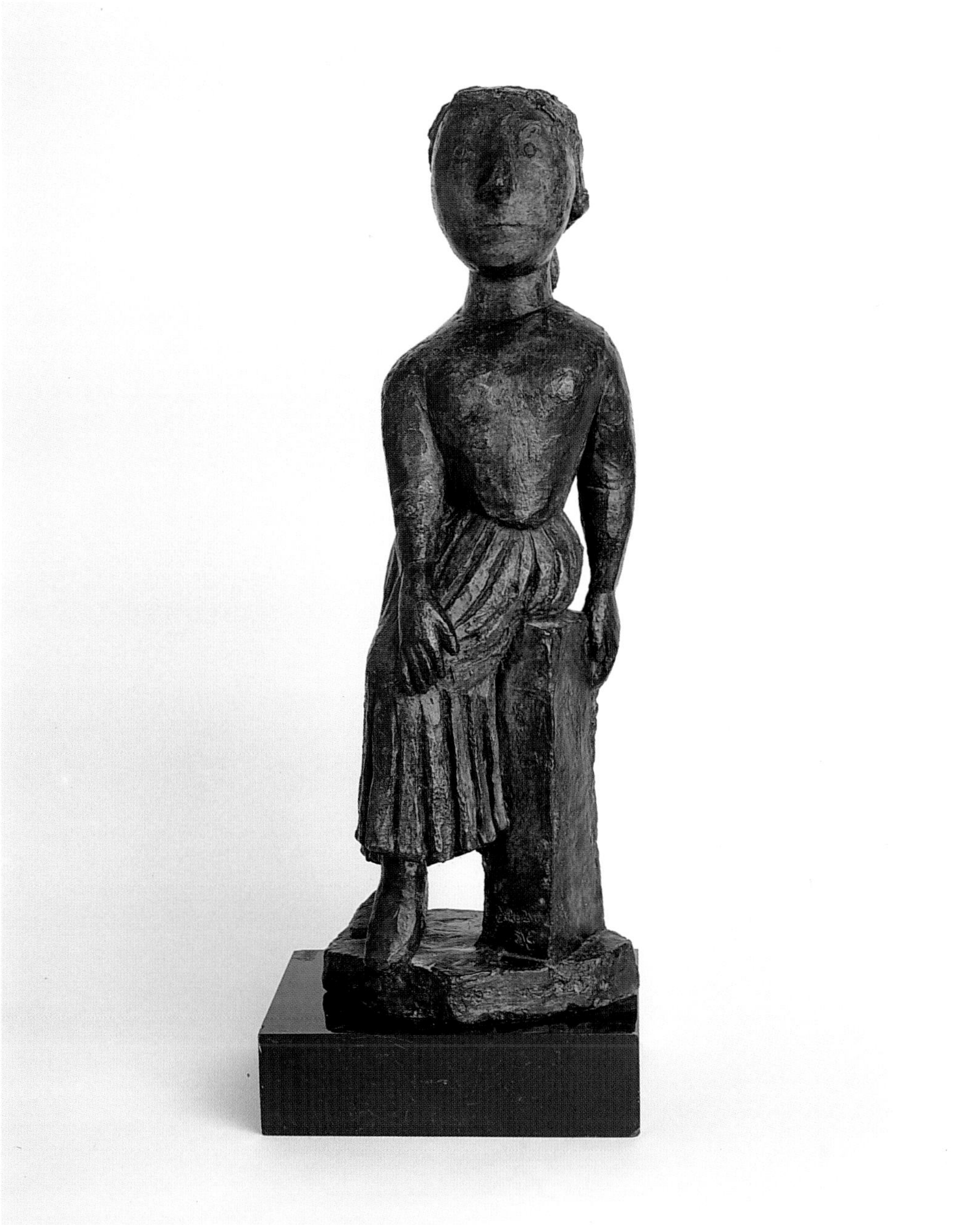

CAMPESINA SENTADA. 1942

Bronce, 44,5 x 16 x 11 cm

Patronato Baltasar Lobo

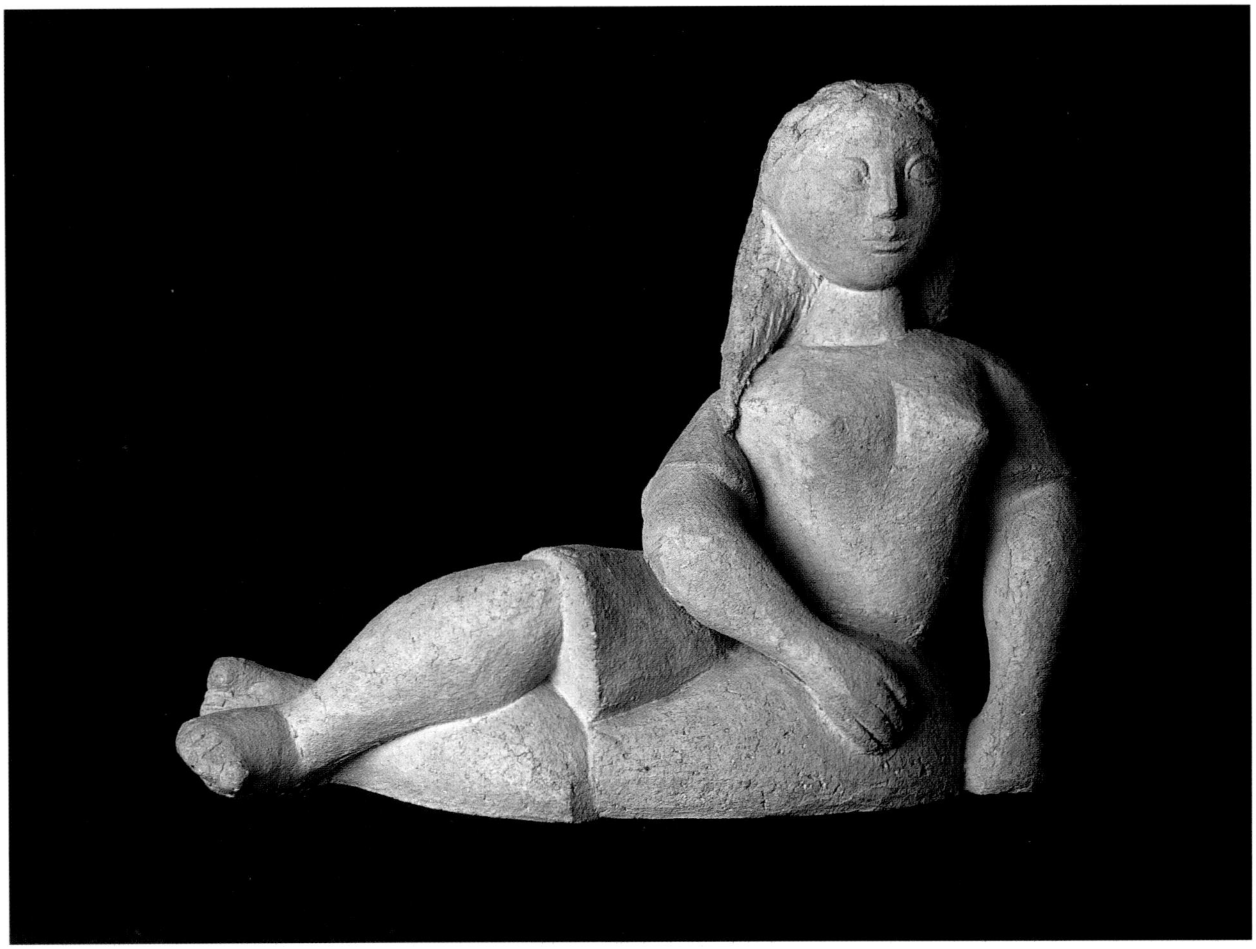

JOVEN SENTADA. 1941-42

Terracota, 26 x 32 x 12,5 cm

Colección particular Isabel Herrero Lobo

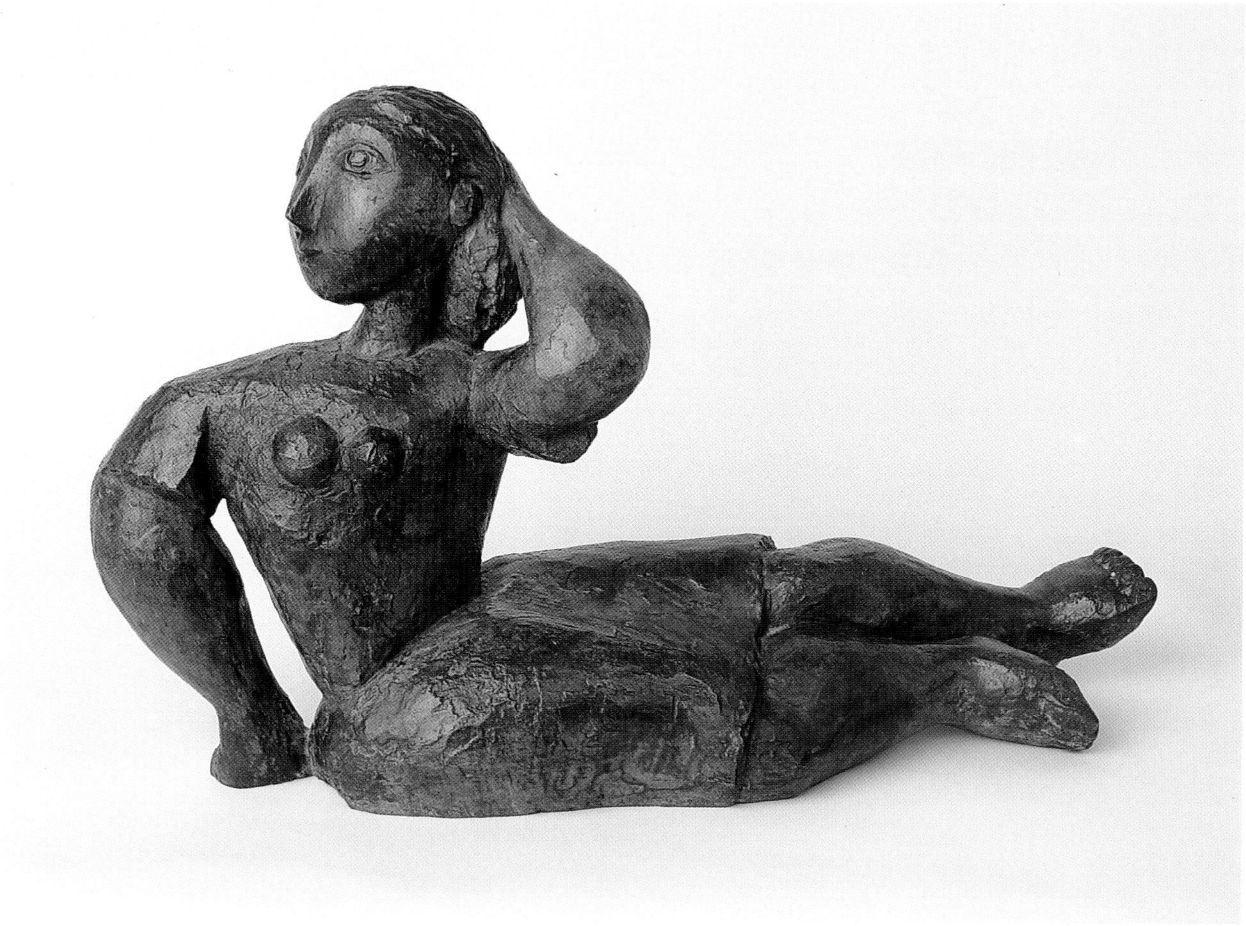

LA CICLISTA. 1942

Bronce, 27 x 43 x 13 cm

Patronato Baltasar Lobo

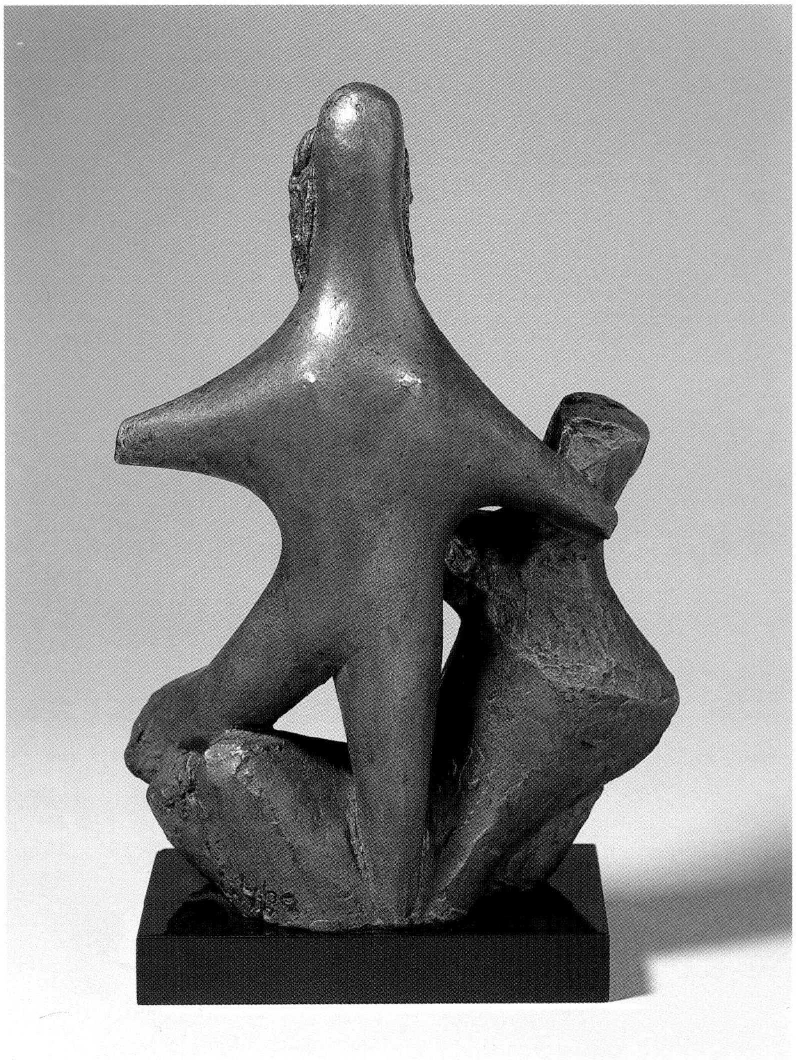

STELLA ANTIGUA. 1943

Bronce, 23 x 14 x 9 cm

Galería Nathan, Zurich

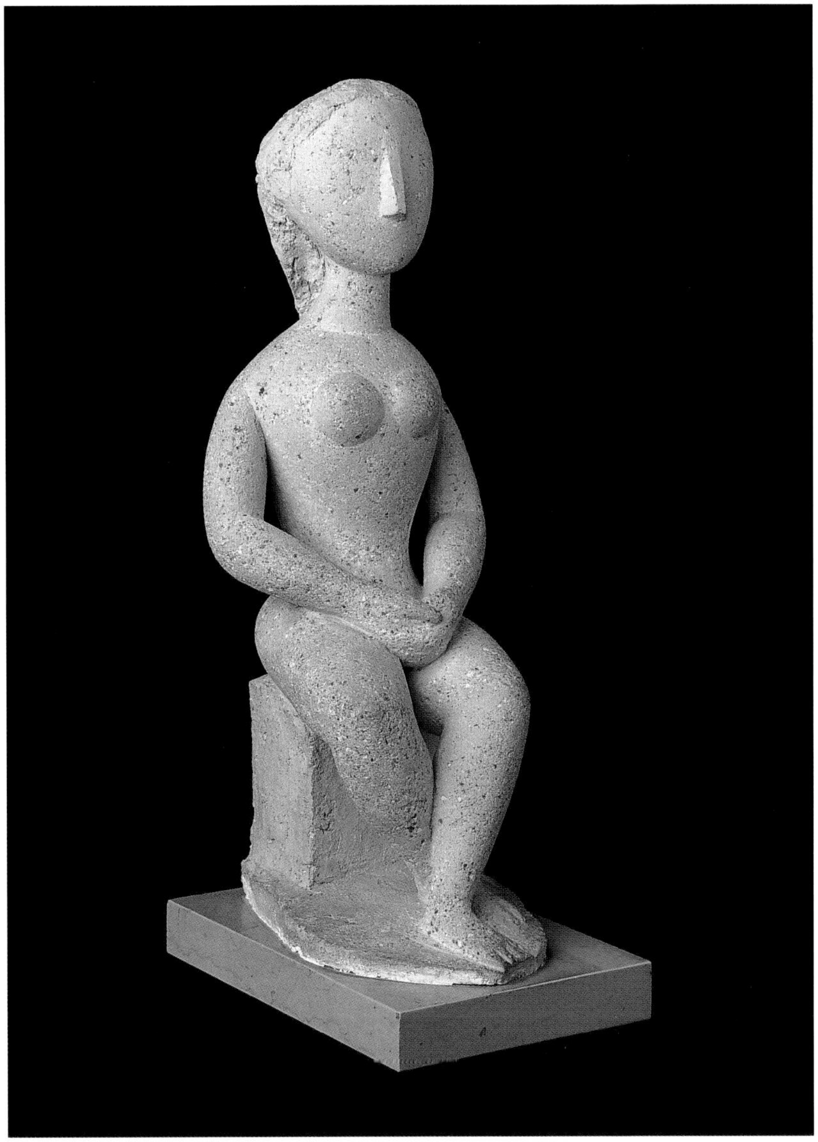

ÍDOLO. 1943

Terracota, 29,5 x 10,5 x 13 cm

Colección Carmen Lobo

MUJER PEINÁNDOSE. 1944

Bronce, 44 x 33 x 22 cm

Colección particular

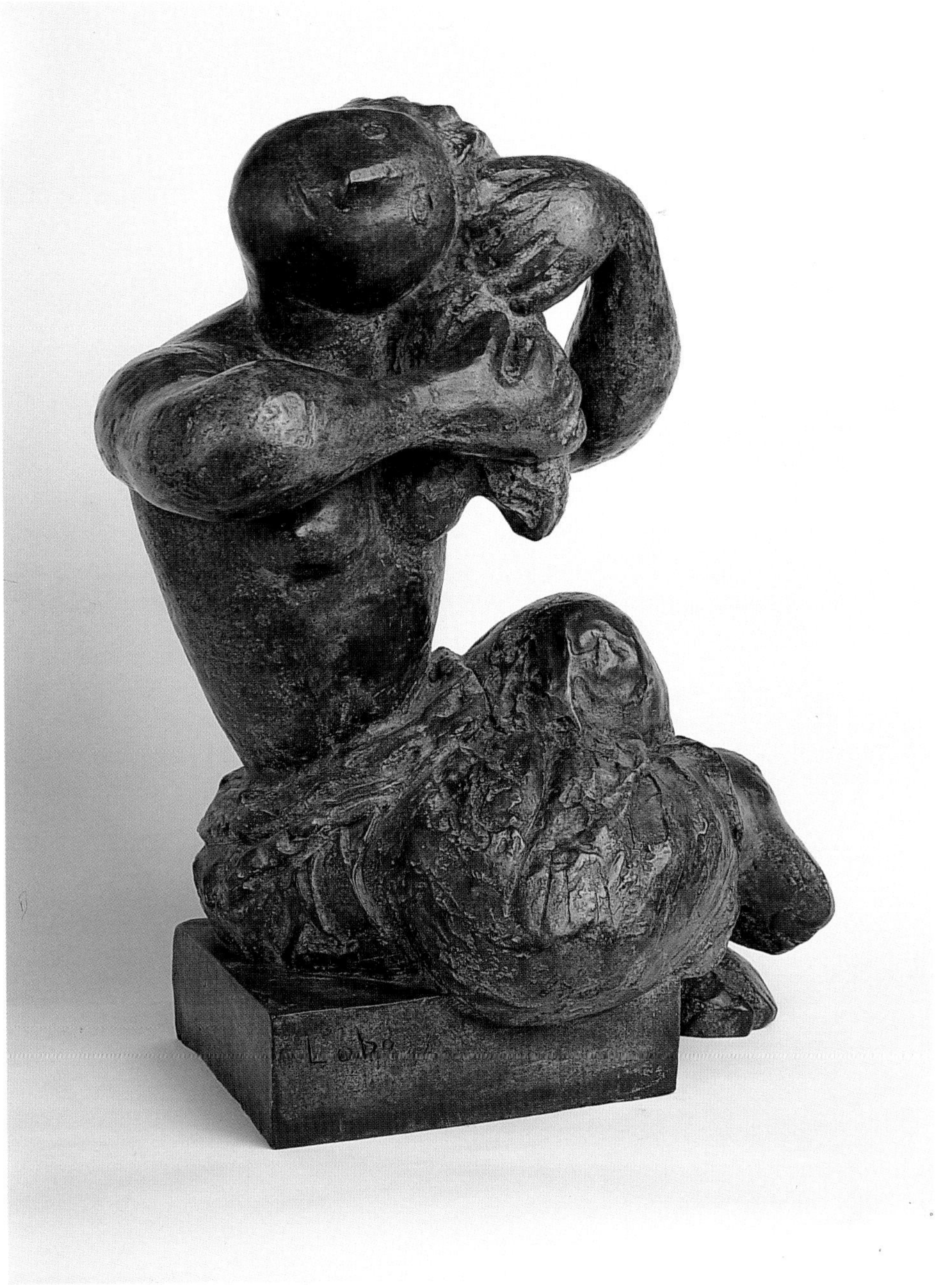

LEDA. 1945

Bronce, 21 x 33 x 19 cm

Colección particular

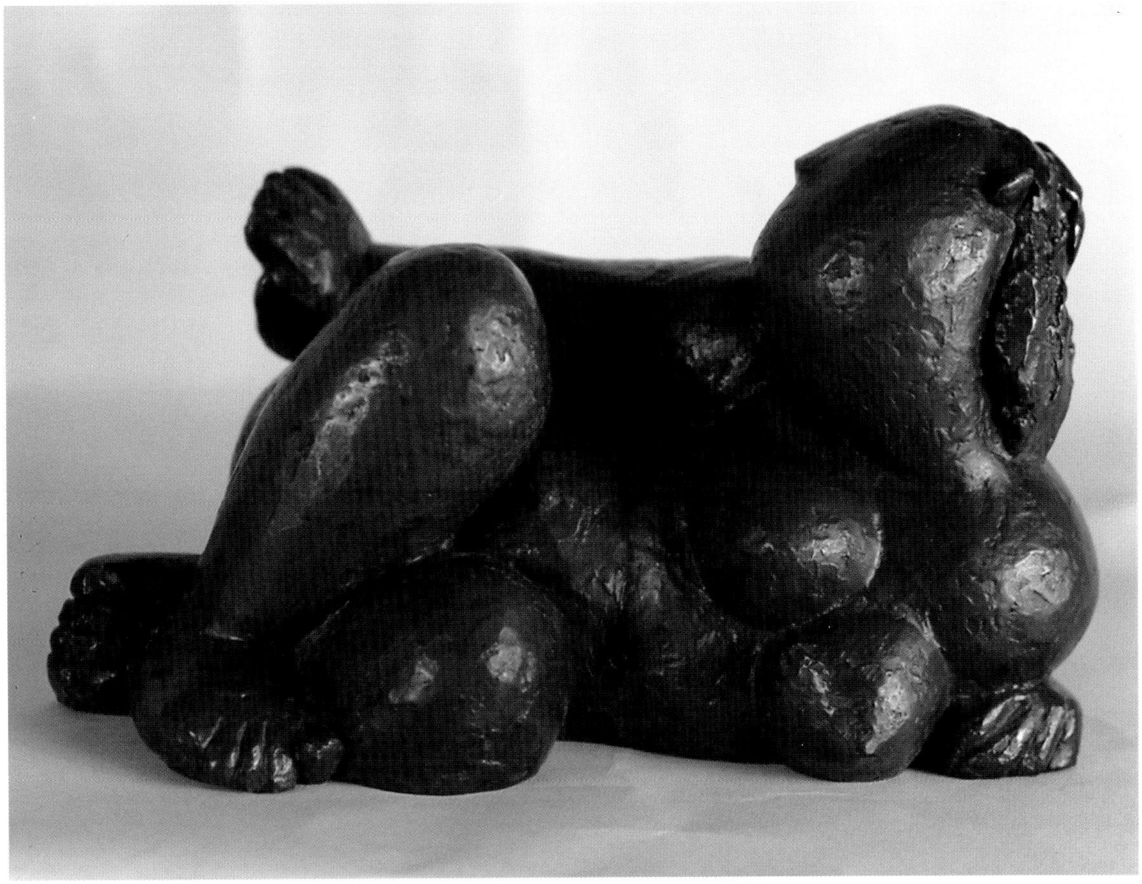

MUJER CON NIÑO. 1947

Bronce, 52 x 45 x 20 cm

Ayuntamiento Cerecinos de Campos

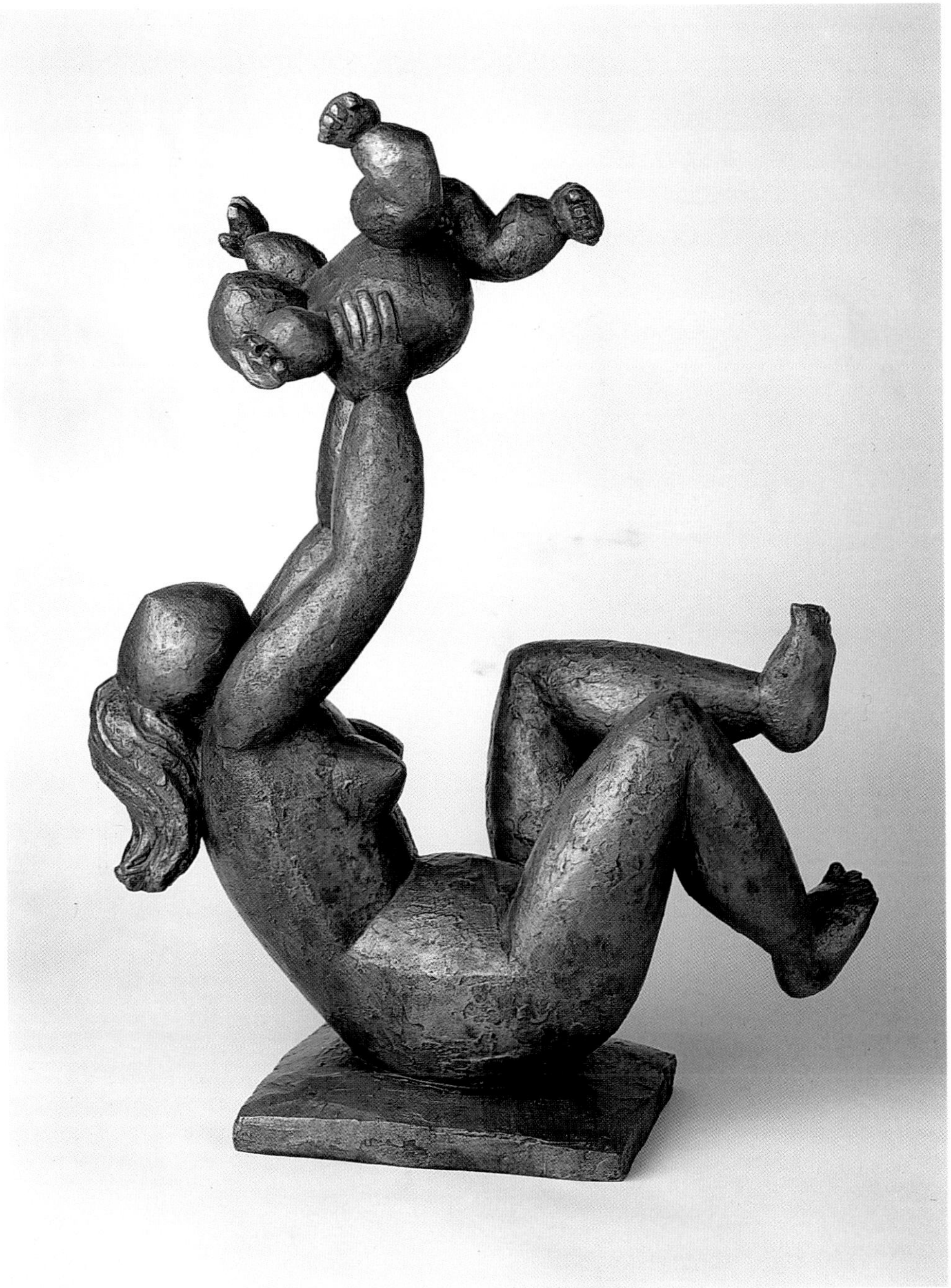

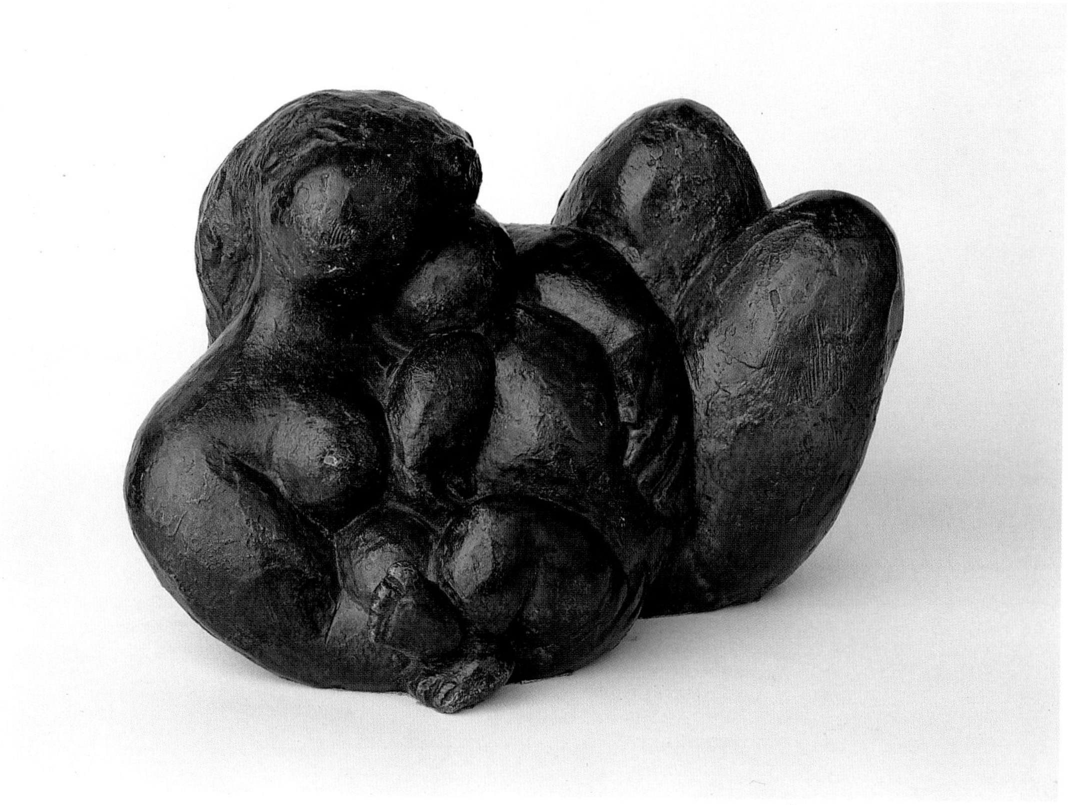

EL NIÑO DORMIDO. 1947

Bronce, 17 x 26 x 14 cm

Colección particular

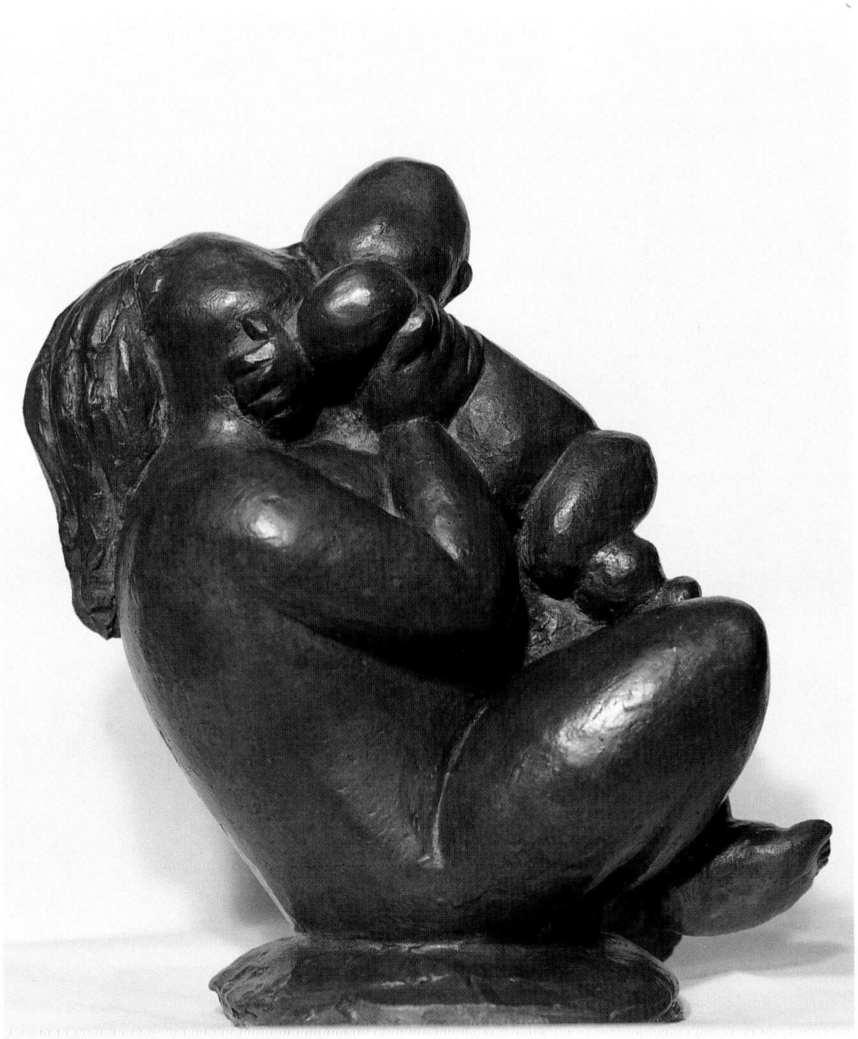

MATERNIDAD. 1948

Bronce, 25 x 24 x 12 cm

Colección particular

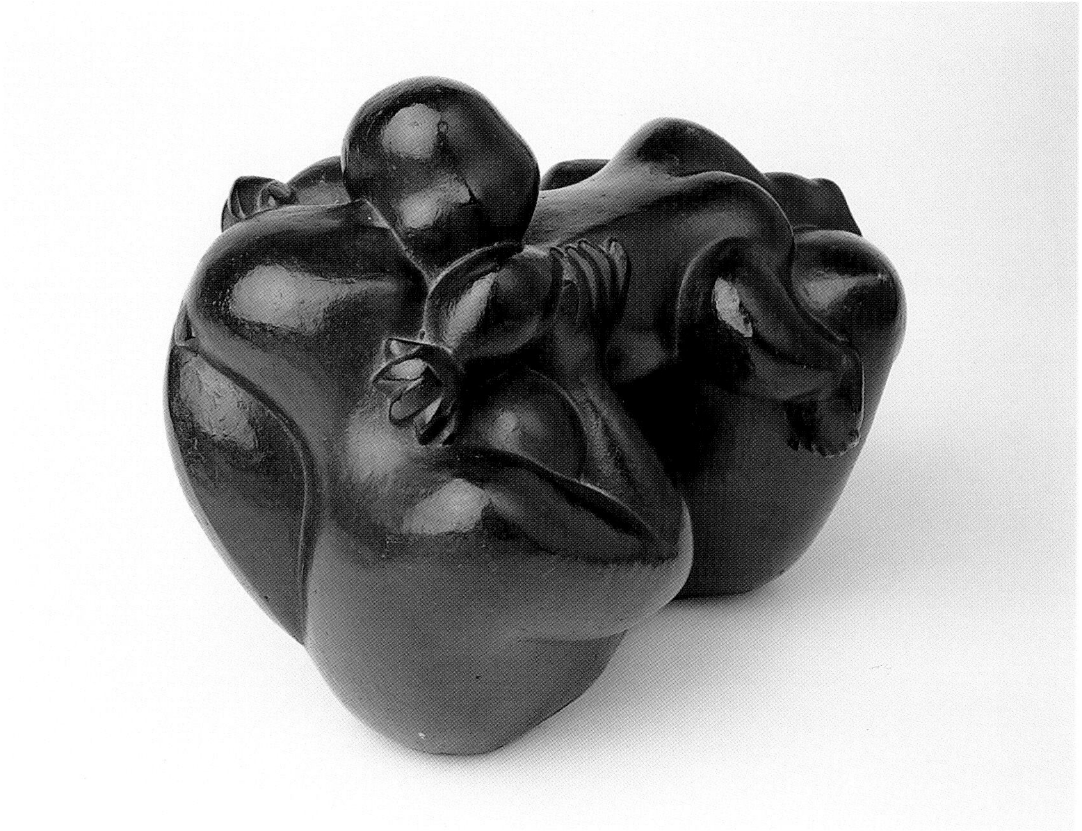

MATERNIDAD. 1949

Bronce, 22 x 30 x 21 cm

Colección particular

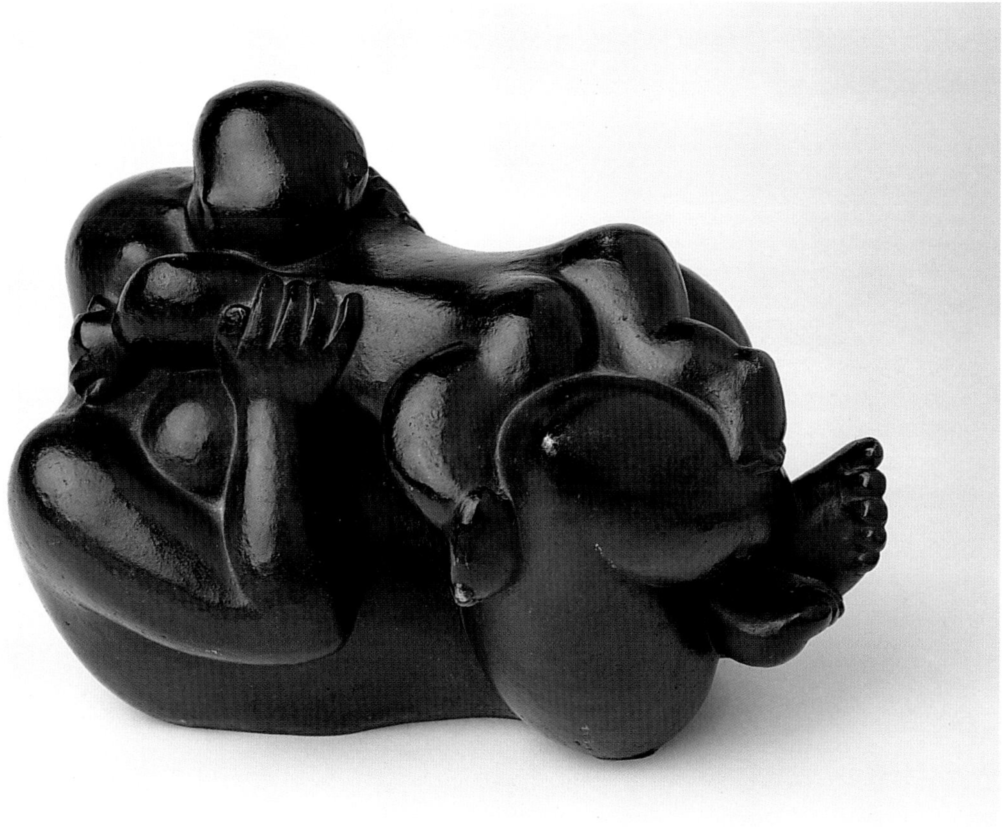

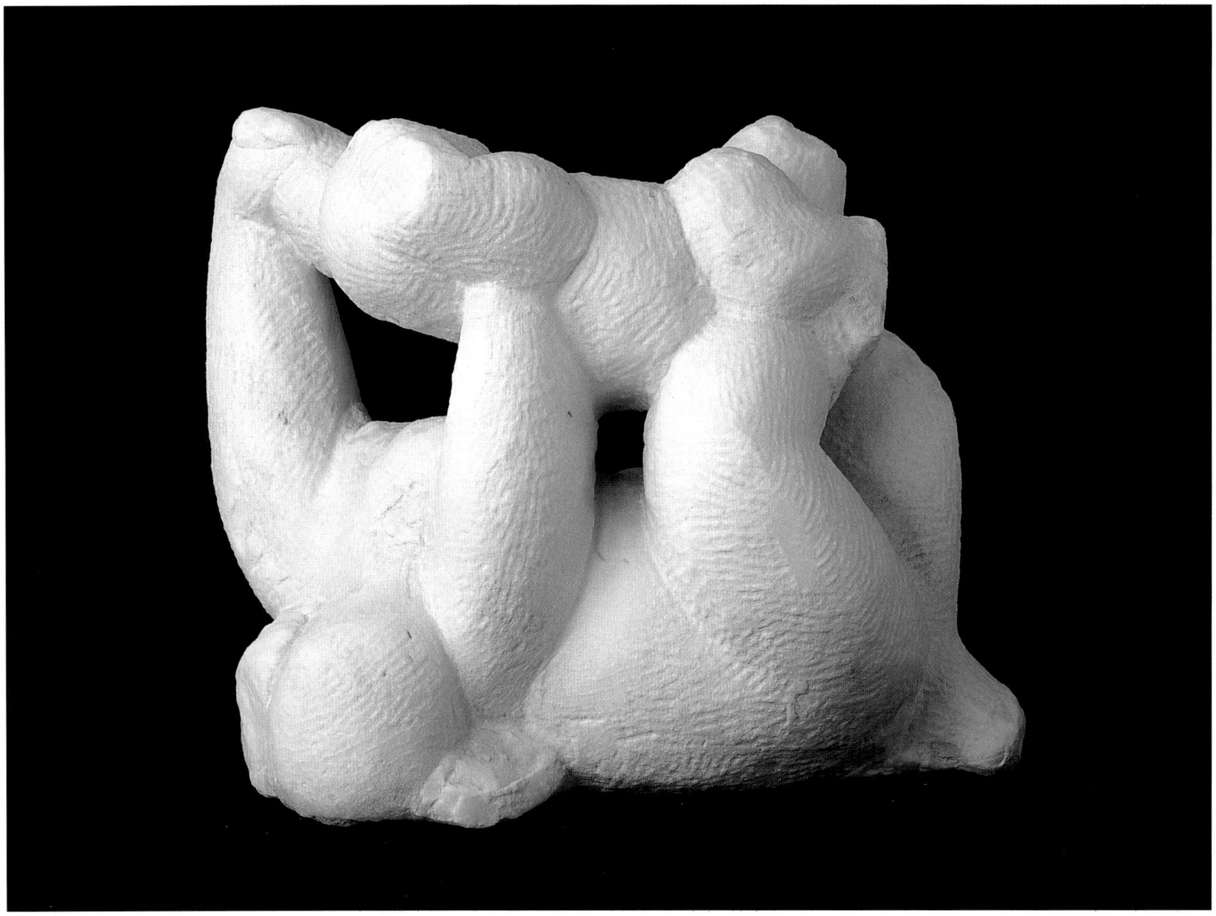

MATERNIDAD. 1949

Mármol de Carrara, 26 x 28 x 18 cm

Colección Visitación Lobo

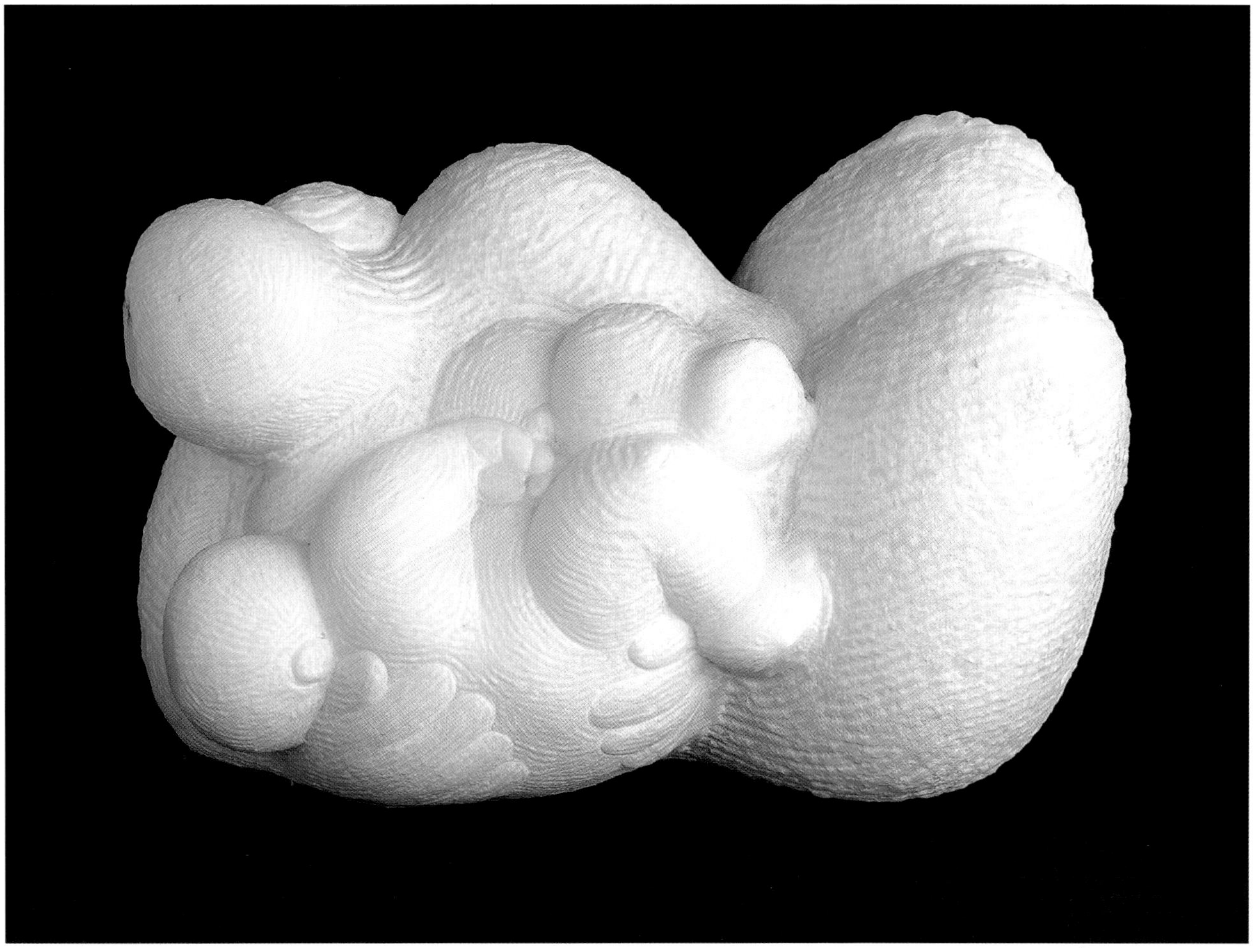

MATERNIDAD. 1949

Mármol de Carrara, 22 x 31 x 20 cm

Propiedad particular

BUSTO CONTEMPLATIVO. 1952

Bronce, 30 x 40 x 14 cm

Galería Nathan, Zurich

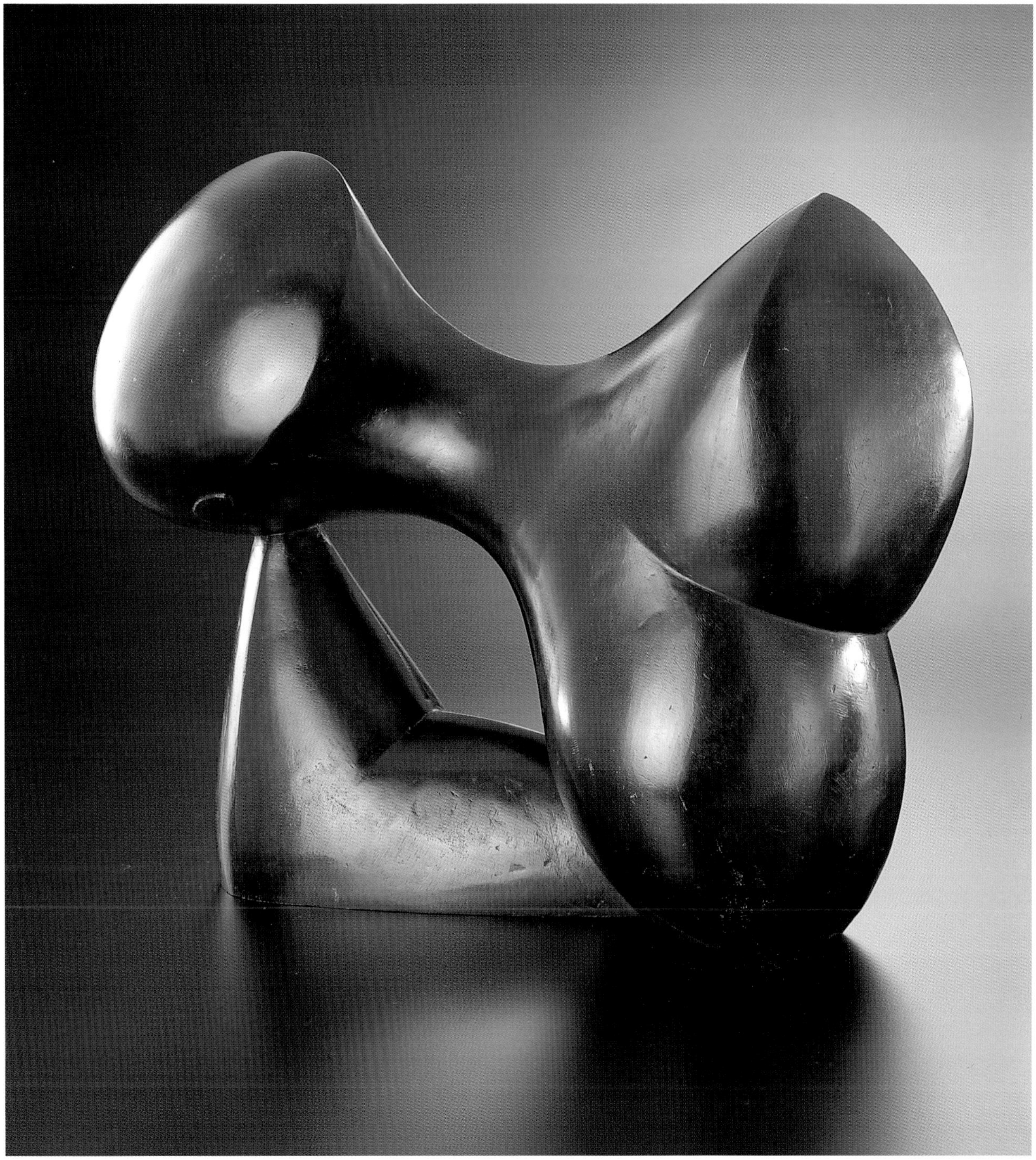

MATERNIDAD. 1953

Bronce, 72 x 79 x 40 cm

Patronato Baltasar Lobo

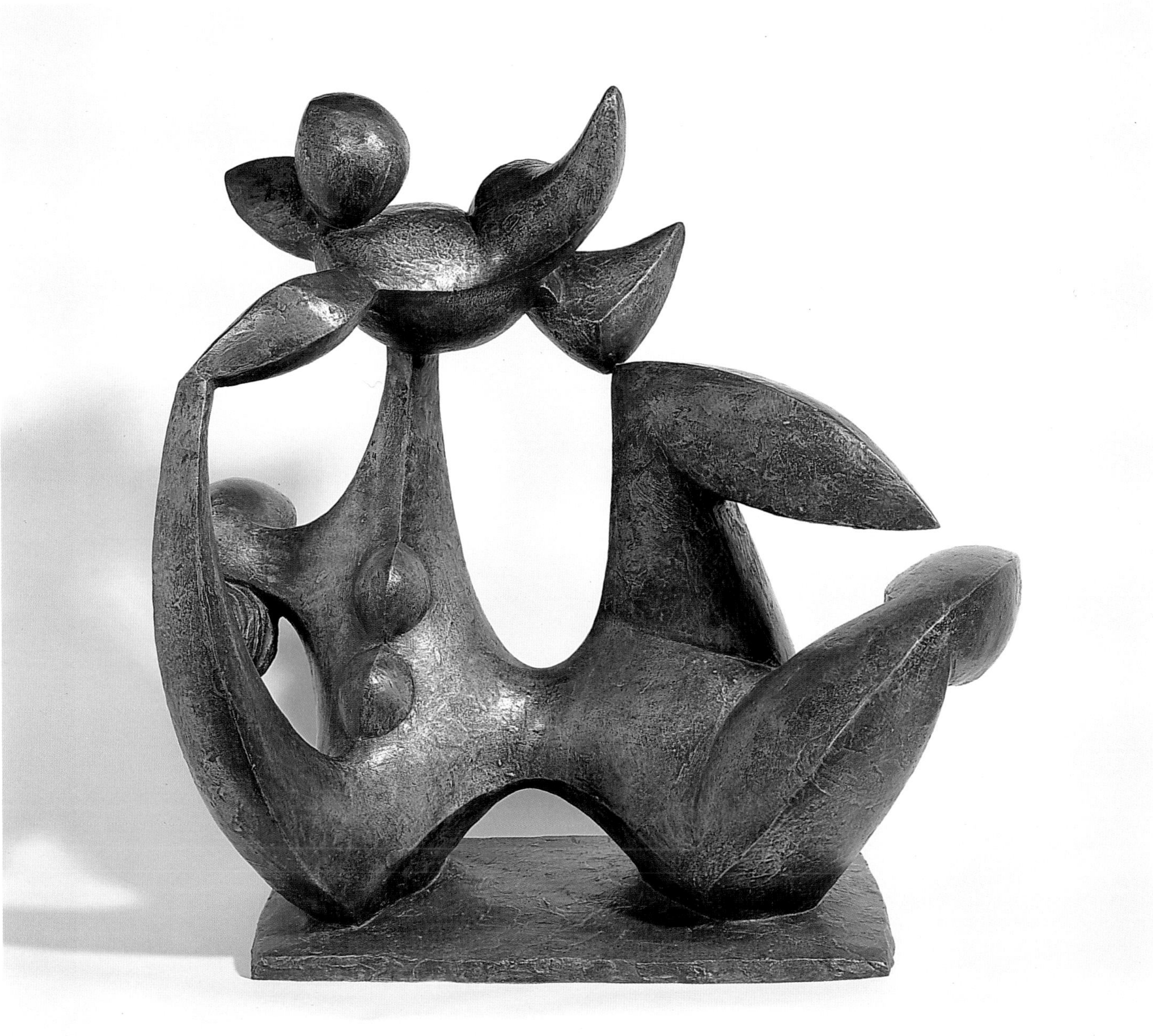

MATERNIDAD. 1953

Bronce, 36 x 27 x 13 cm

Colección particular; cortesía Galería Guillermo de Osma

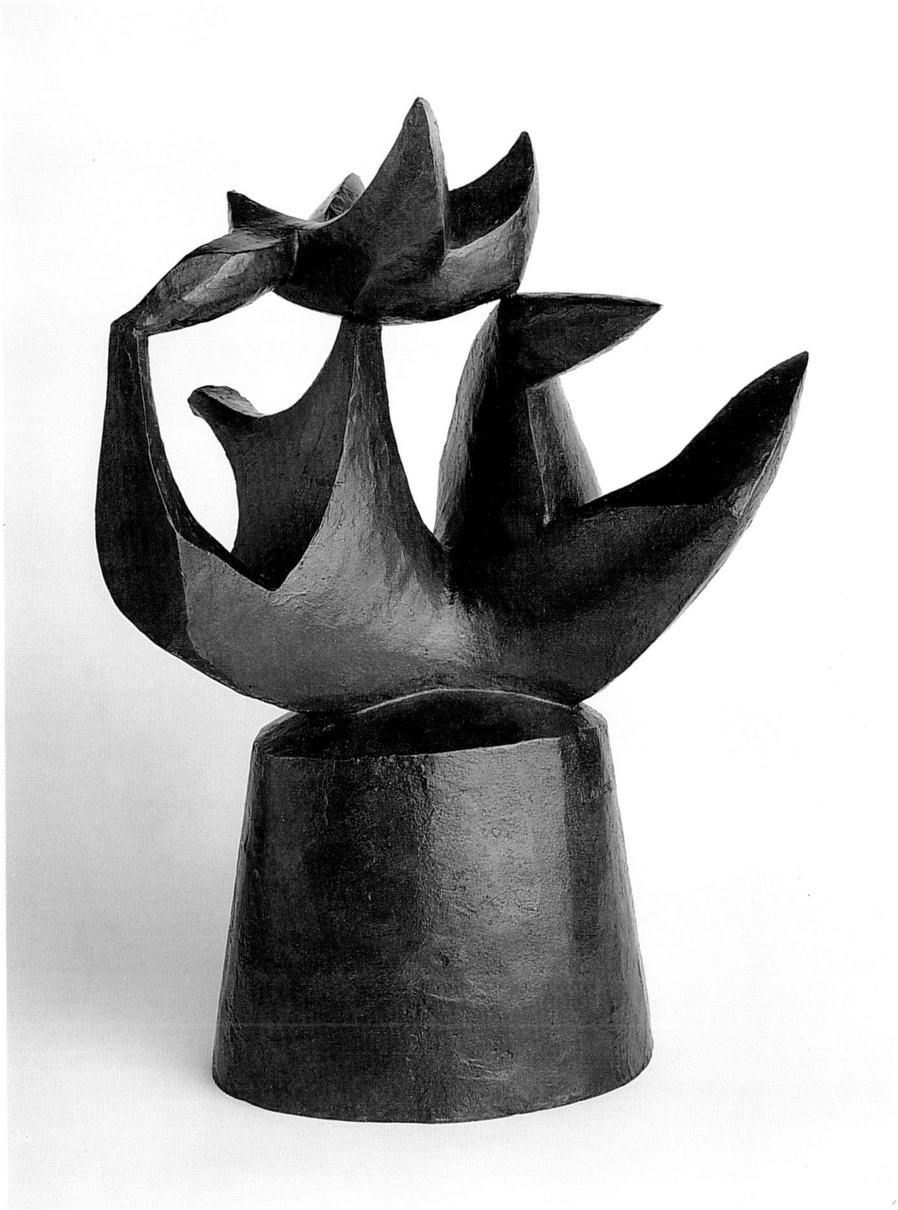

GRAN DESNUDO ACOSTADO. 1956

Bronce, 100 x 180 x 40 cm

Patronato Baltasar Lobo

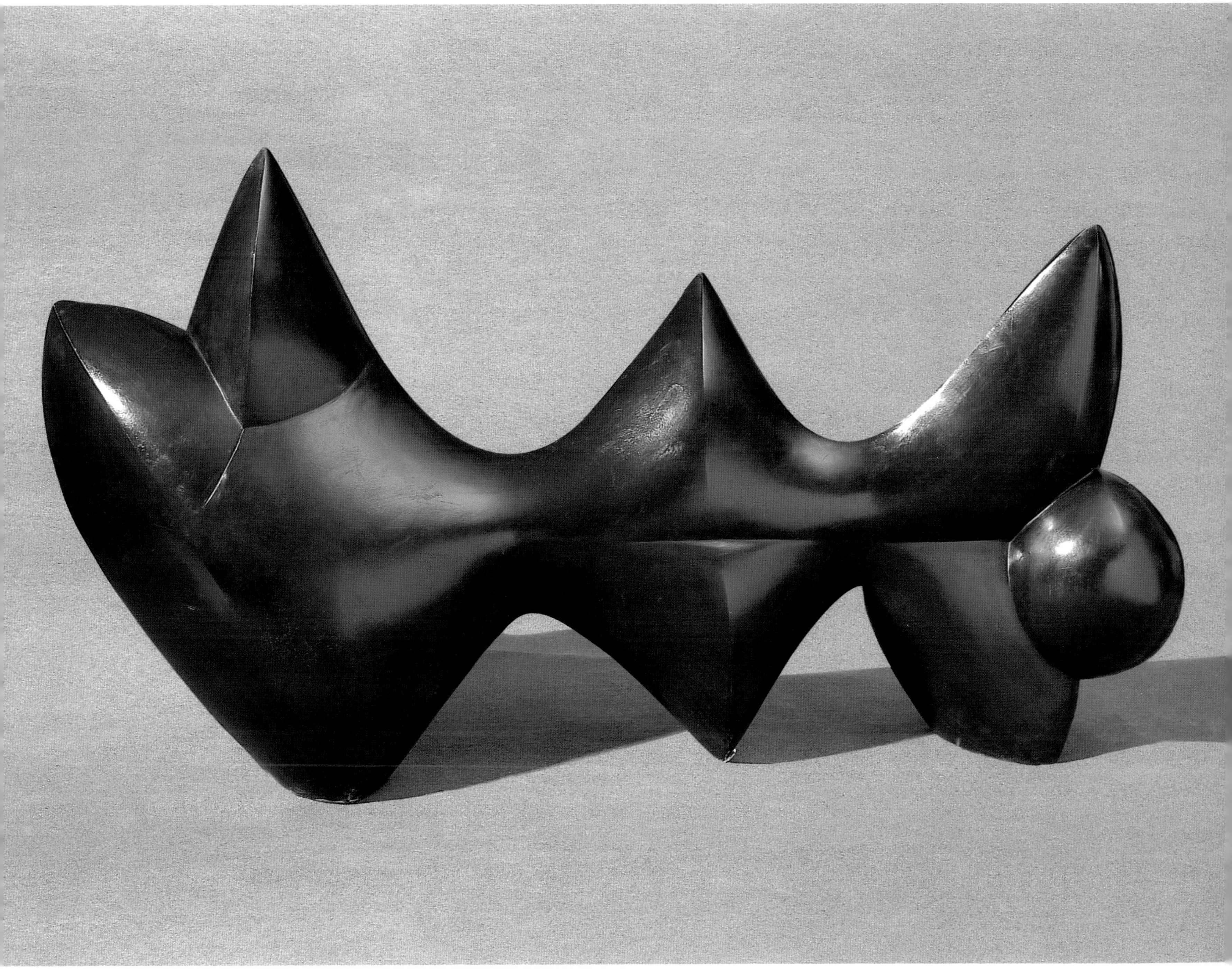

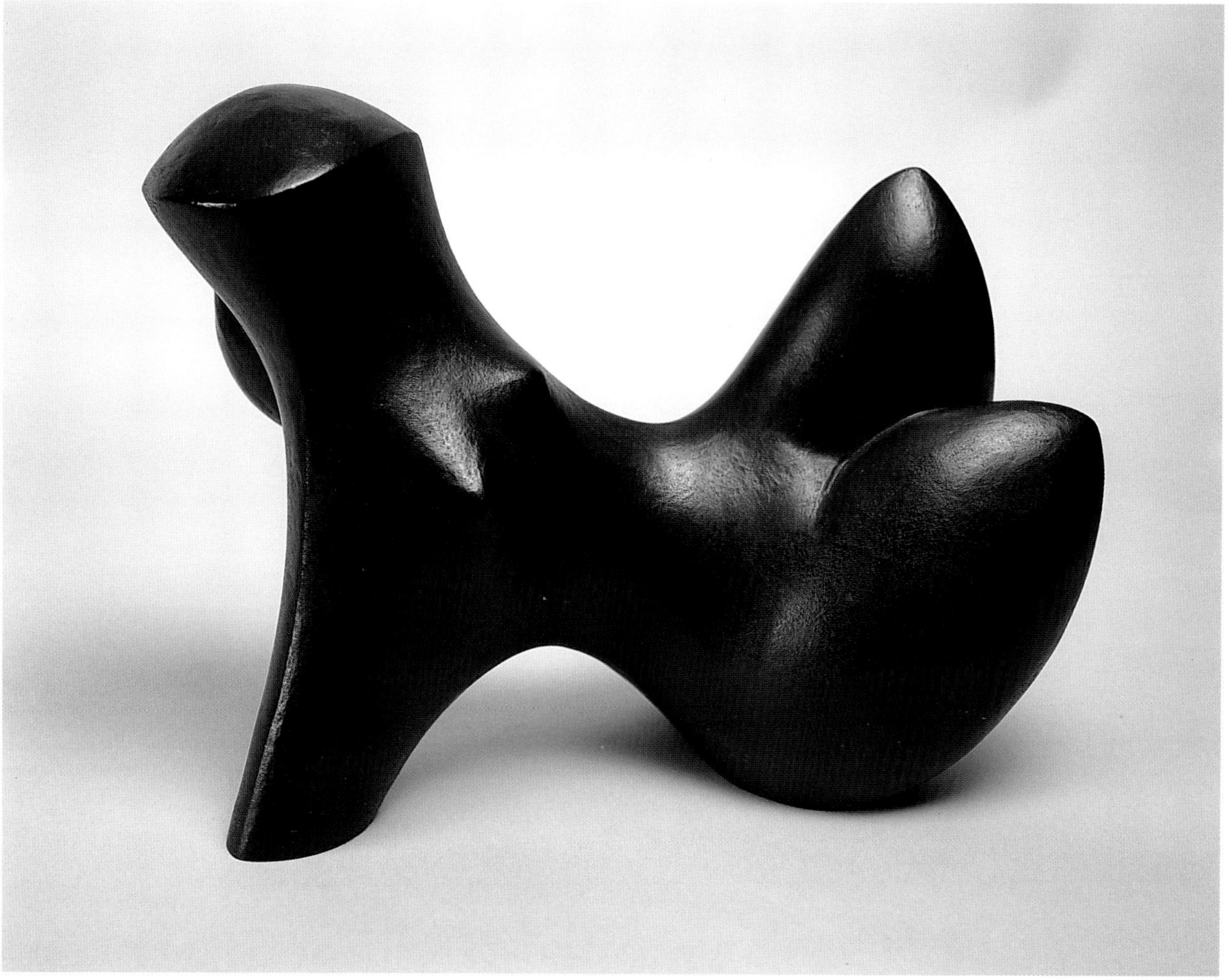

CONTEMPLACIÓN. 1956

Bronce, 28 x 35 x 15 cm

Colección Badía-Escribano, Valencia

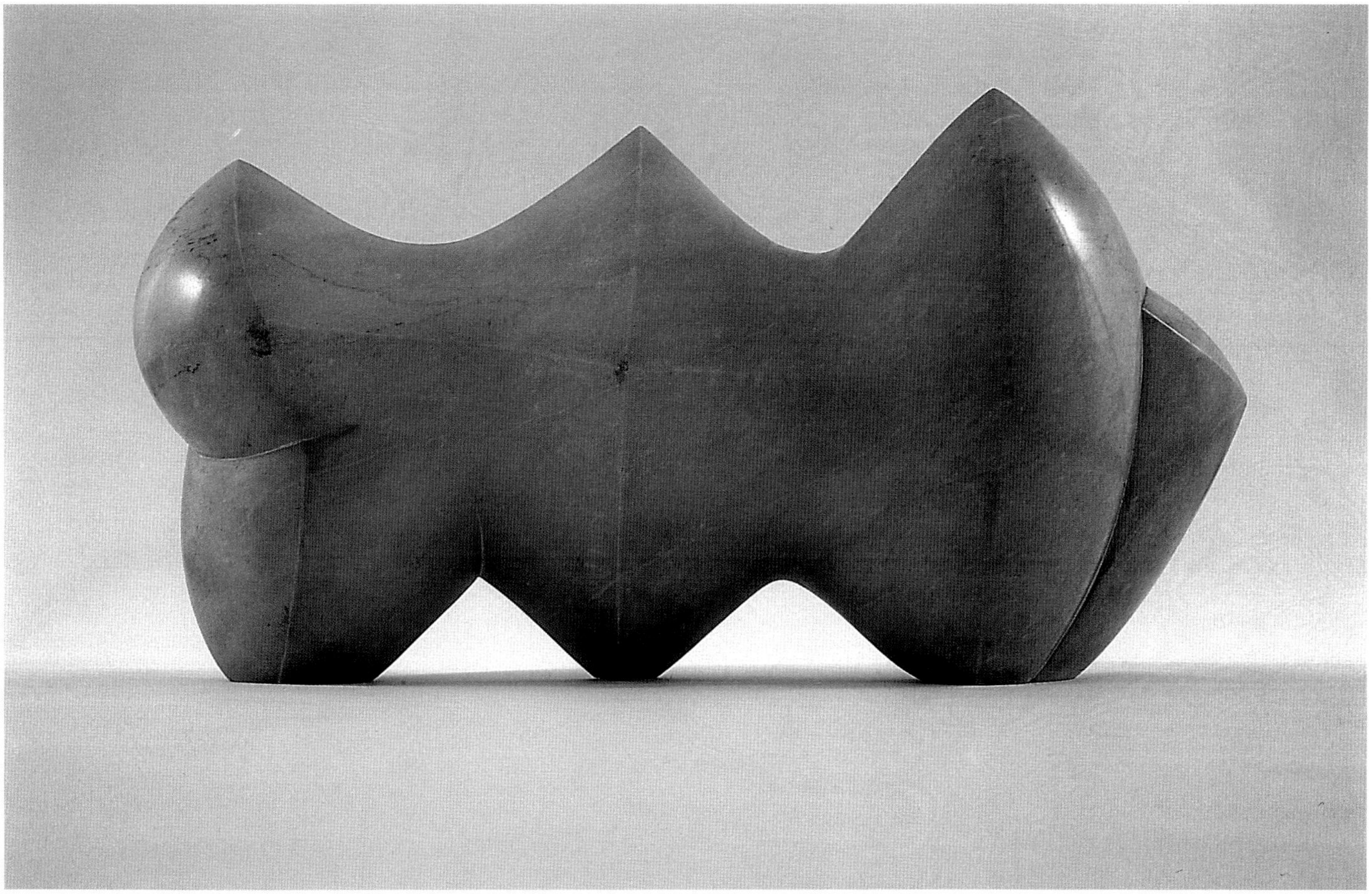

FIGURA RECLINADA. 1957

Mármol blanco de Carrara, 32 x 67 x 20 cm

Colección Museo de Arte Contemporáneo de Caracas Sofía Imber

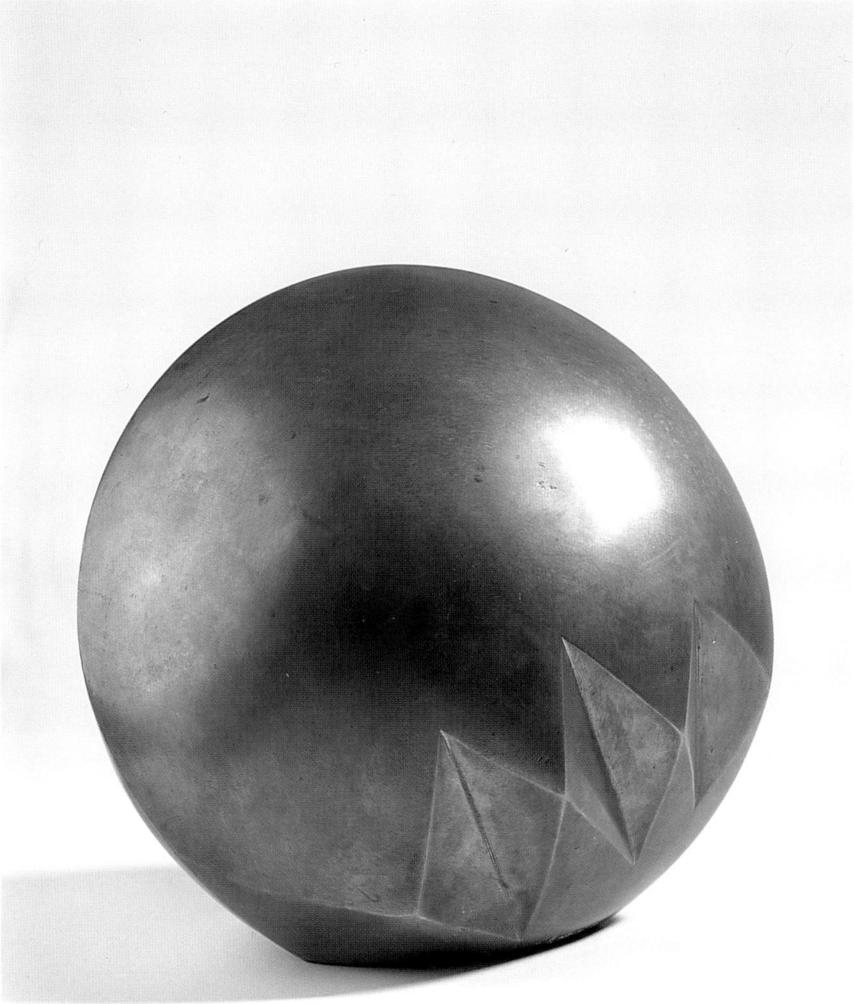

SÉLÉNÉ. 1957

Bronce, 27 x 28 x 18 cm

Galería Nathan, Zurich

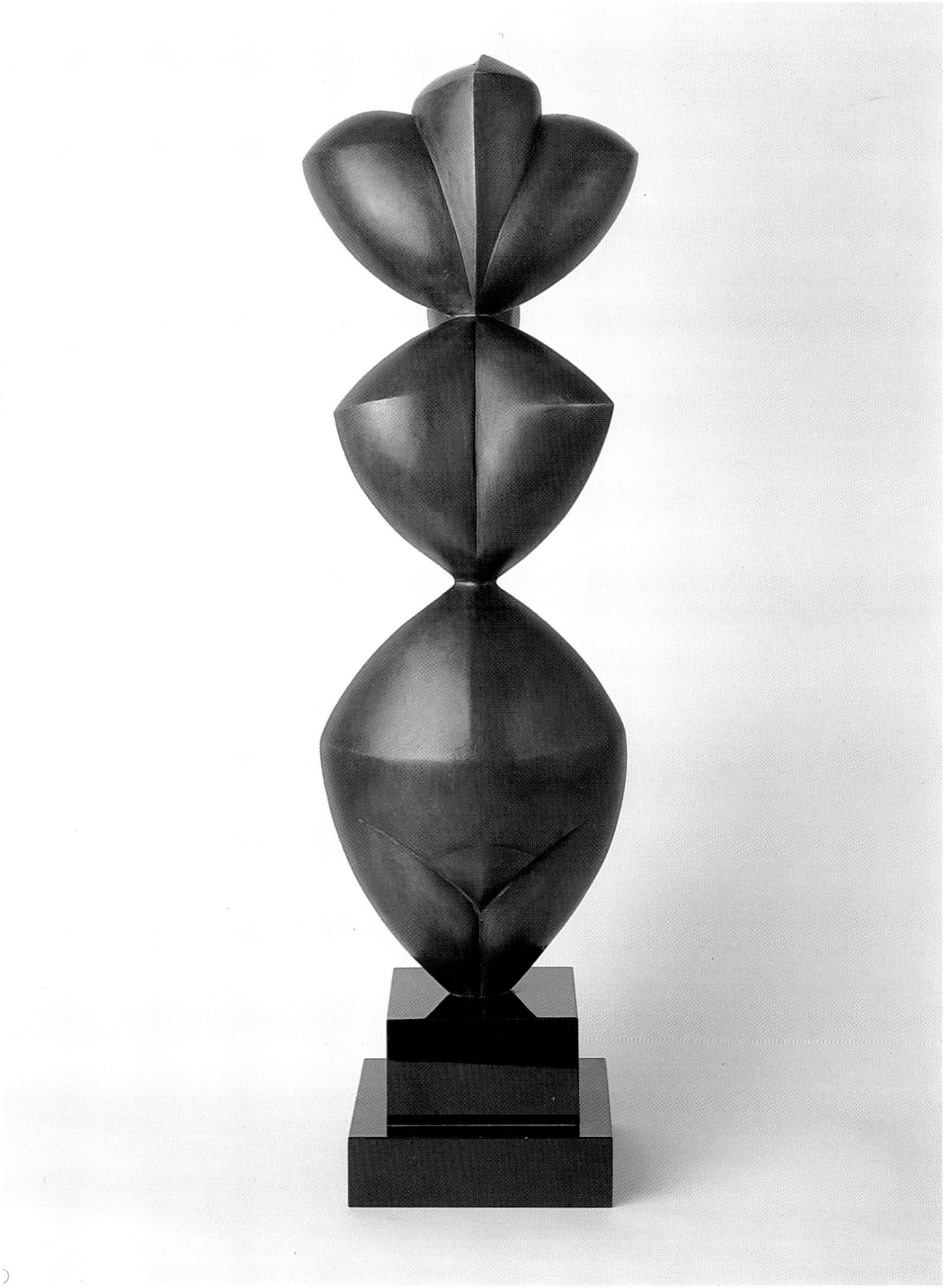

TORSO. 1958

Bronce, 56 x 18 x 14 cm

Patronato Baltasar Lobo

NIÑO DE PIE. 1958

Bronce, 64 x 39 x 22 cm

Colección particular

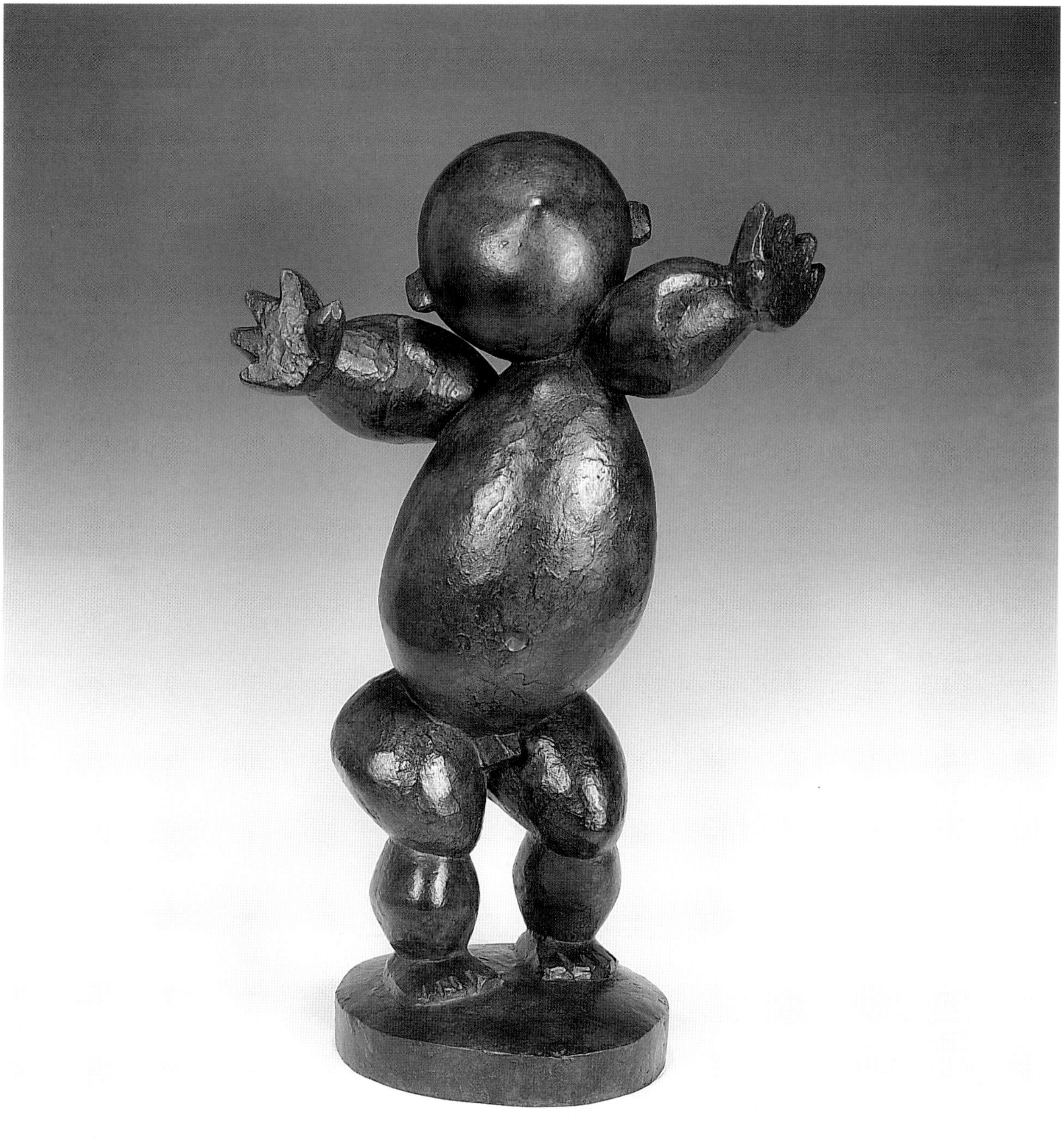

LA CAÍDA. 1959

Bronce, 35 x 39 x 23 cm

Galería Nathan, Zurich

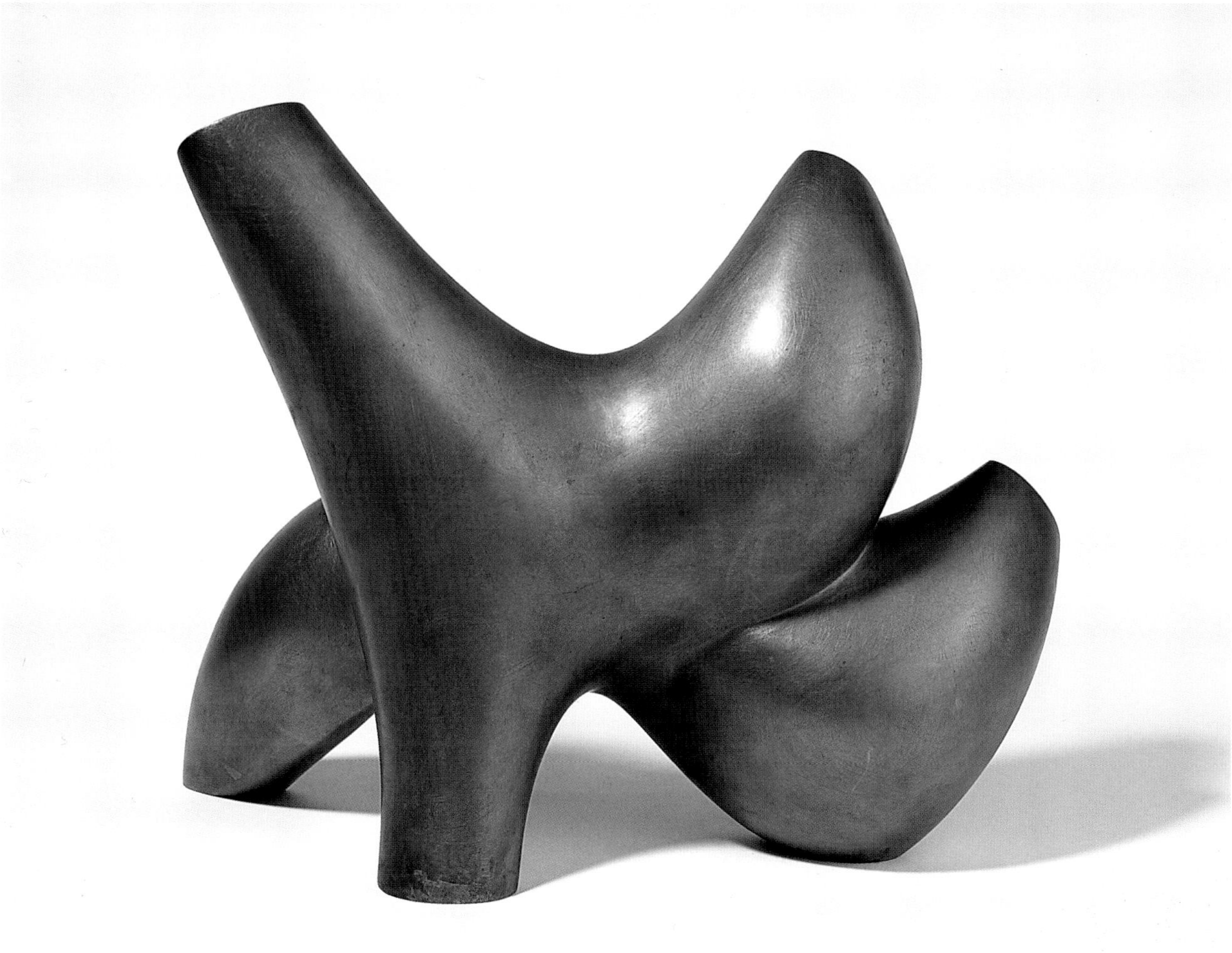

CABEZA DE CABALLO. 1961

Mármol de Carrara, 35 x 62 x 18 cm

Colección particular Ximo Boïls

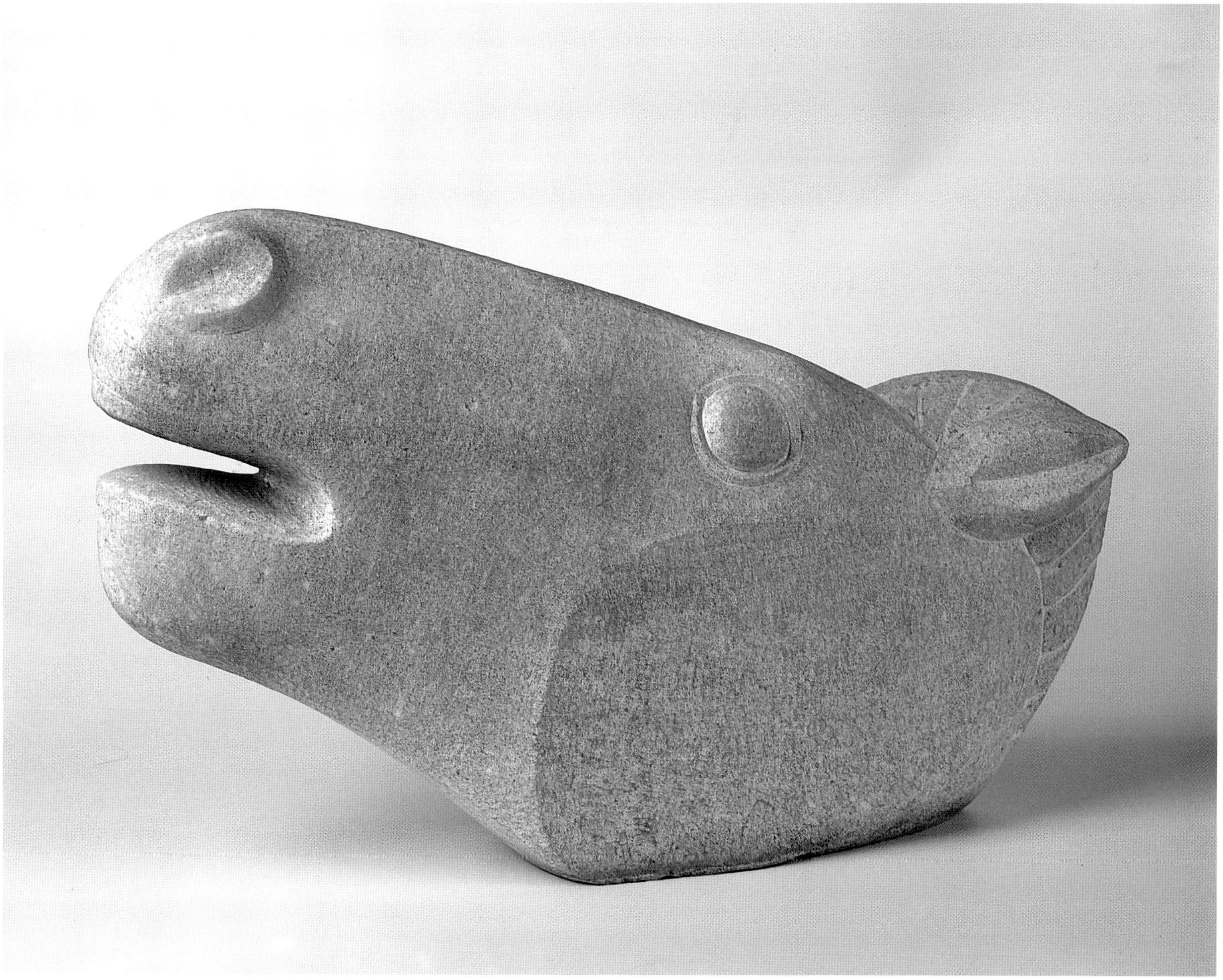

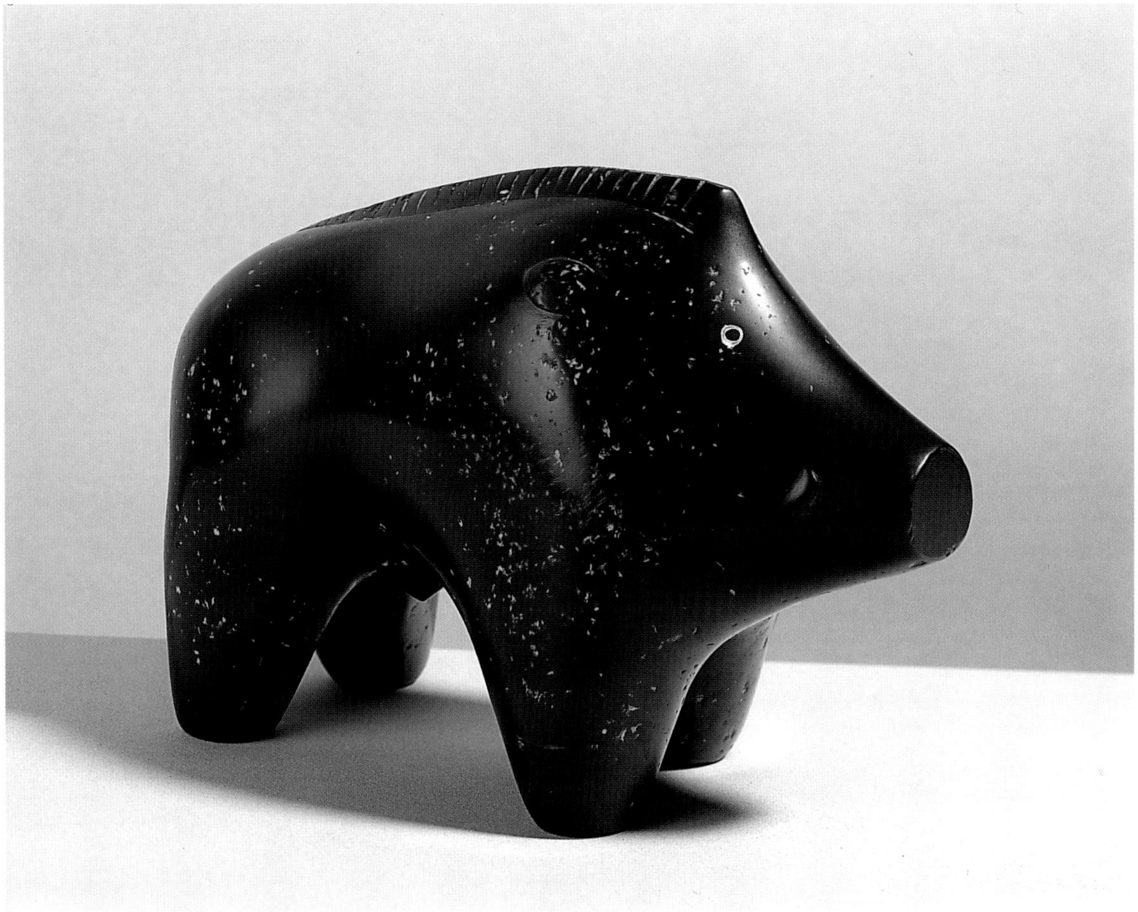

JABALÍ. 1962

Mármol negro de Bélgica, 23 x 32 x 14 cm

Colección particular, Suiza

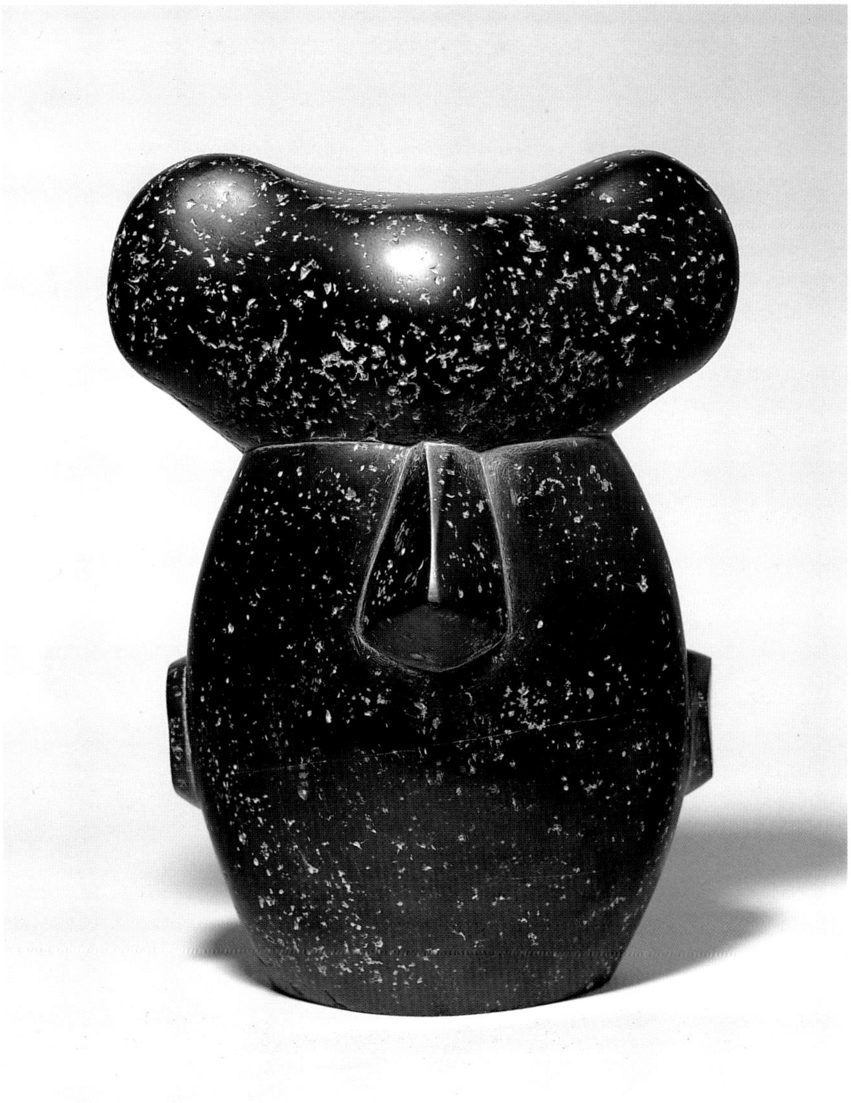

TORERO. 1962-64

Mármol negro de Bélgica, 35 x 26 x 20 cm

Galería Nathan, Zurich

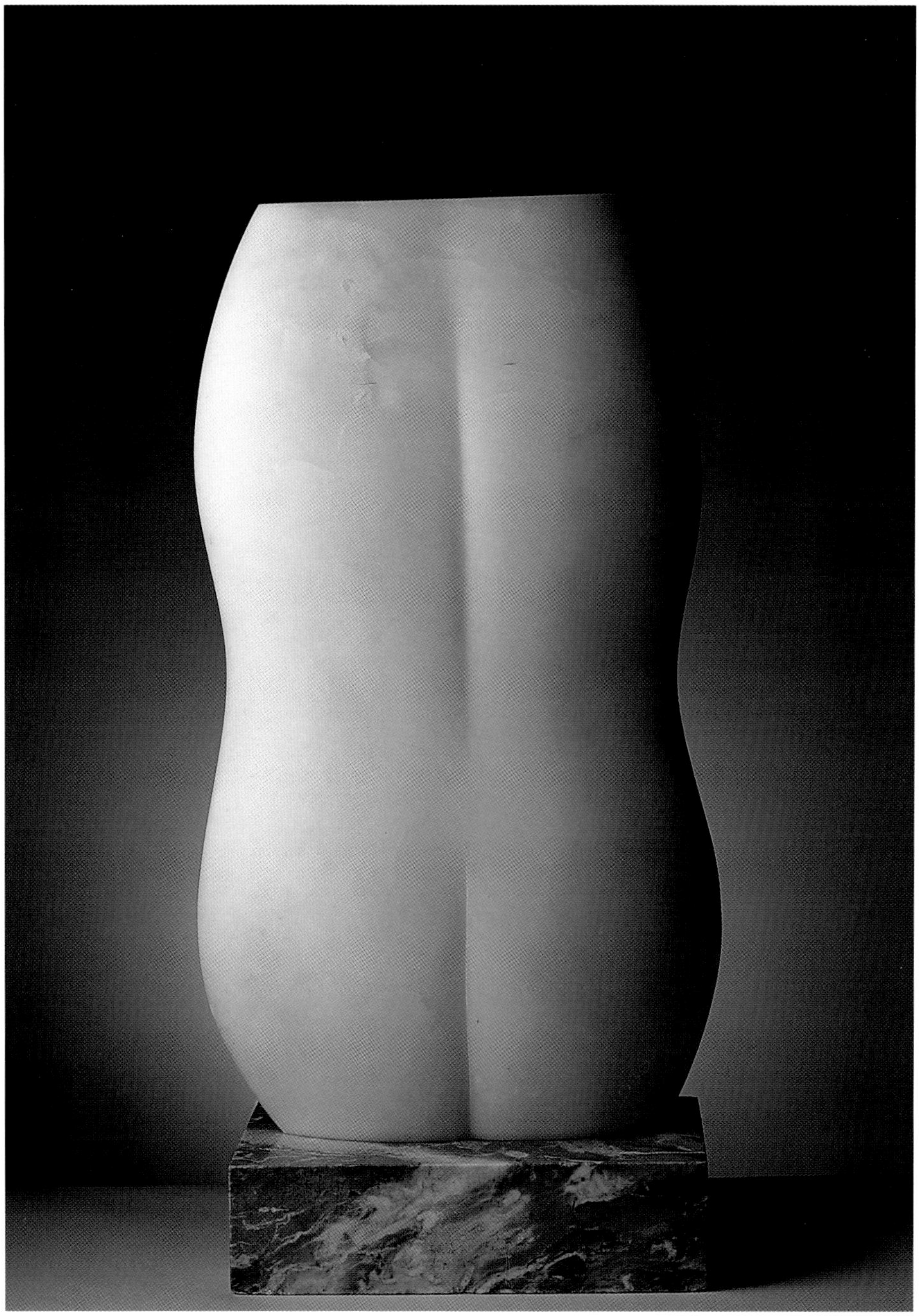

TORSO. 1962-64

Mármol, 52 x 29 x 14 cm

Colección particular, Alemania

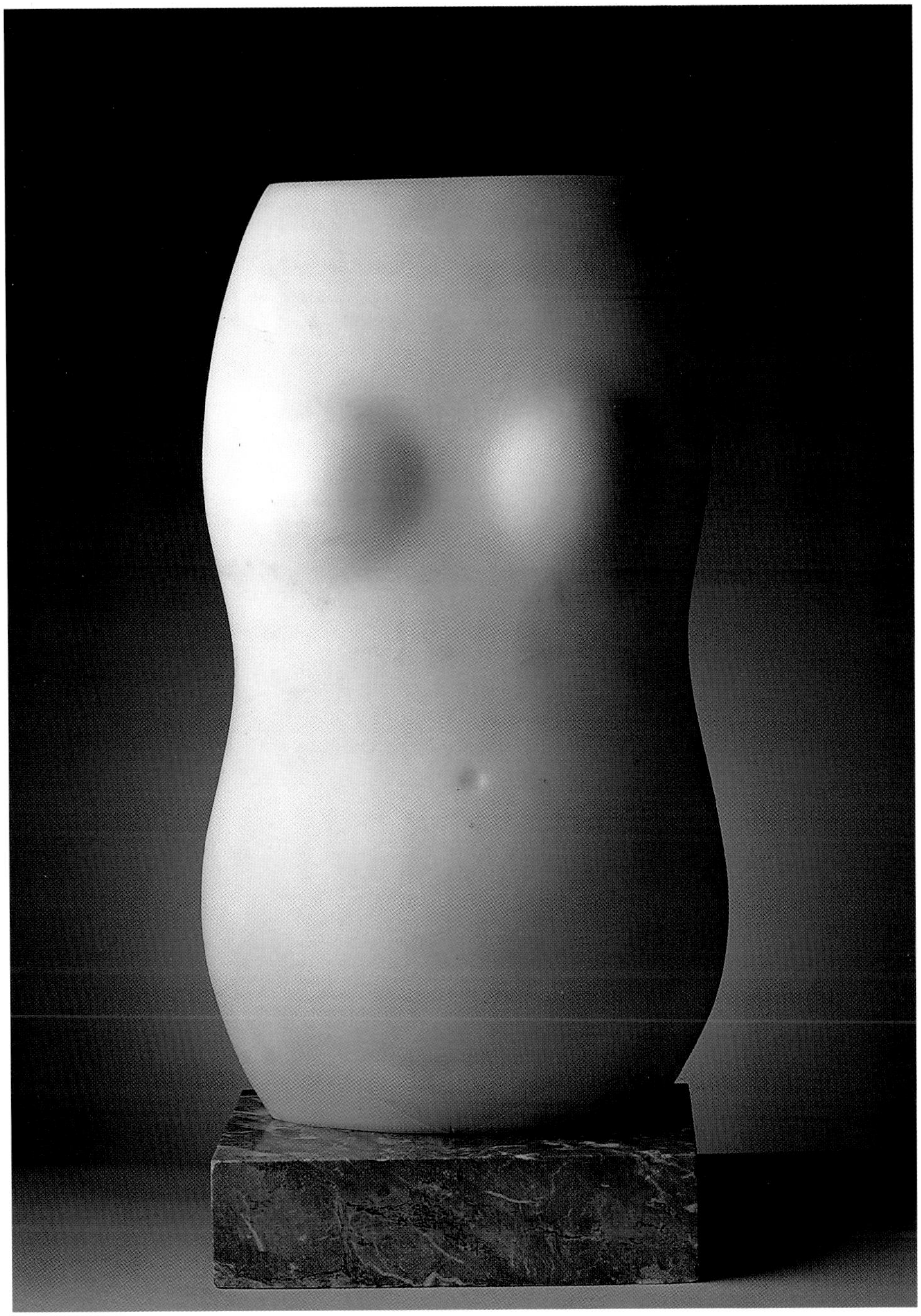

LEVANTE. 1962

Bronce, 160 x 225 x 65 cm

Patronato Baltasar Lobo

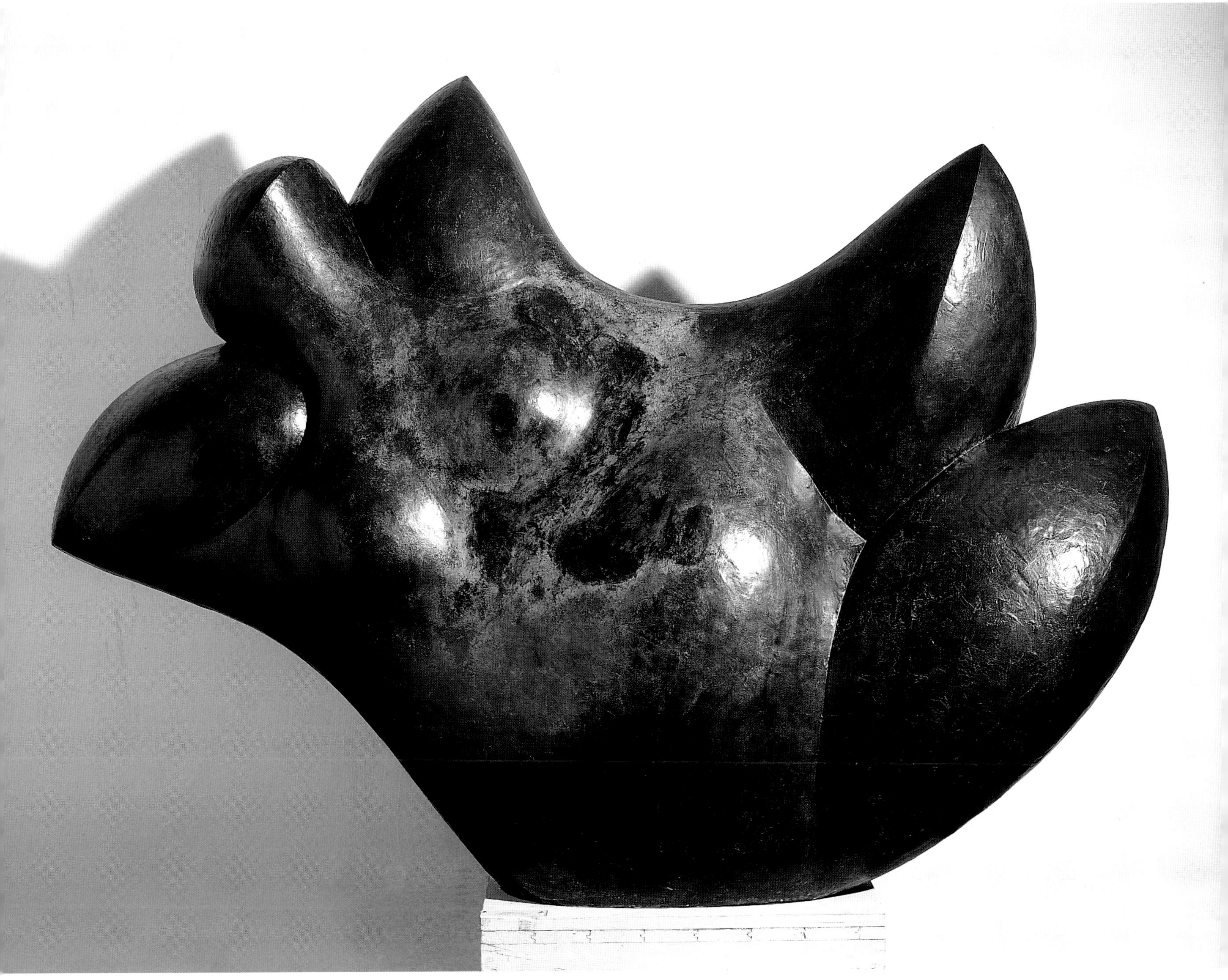

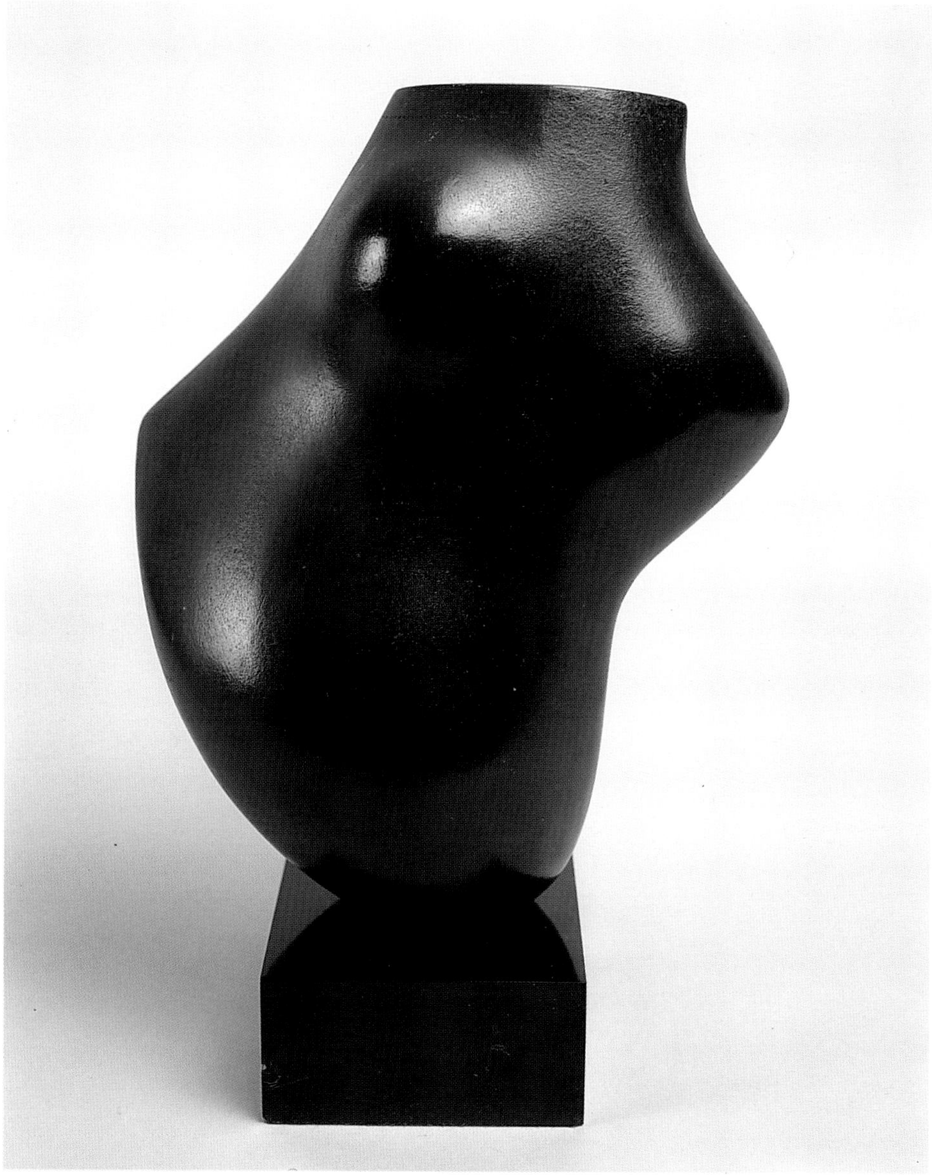

COURSEULLES. 1964

Bronce, 27 x 21 x 10 cm

Colección Badía-Escribano, Valencia

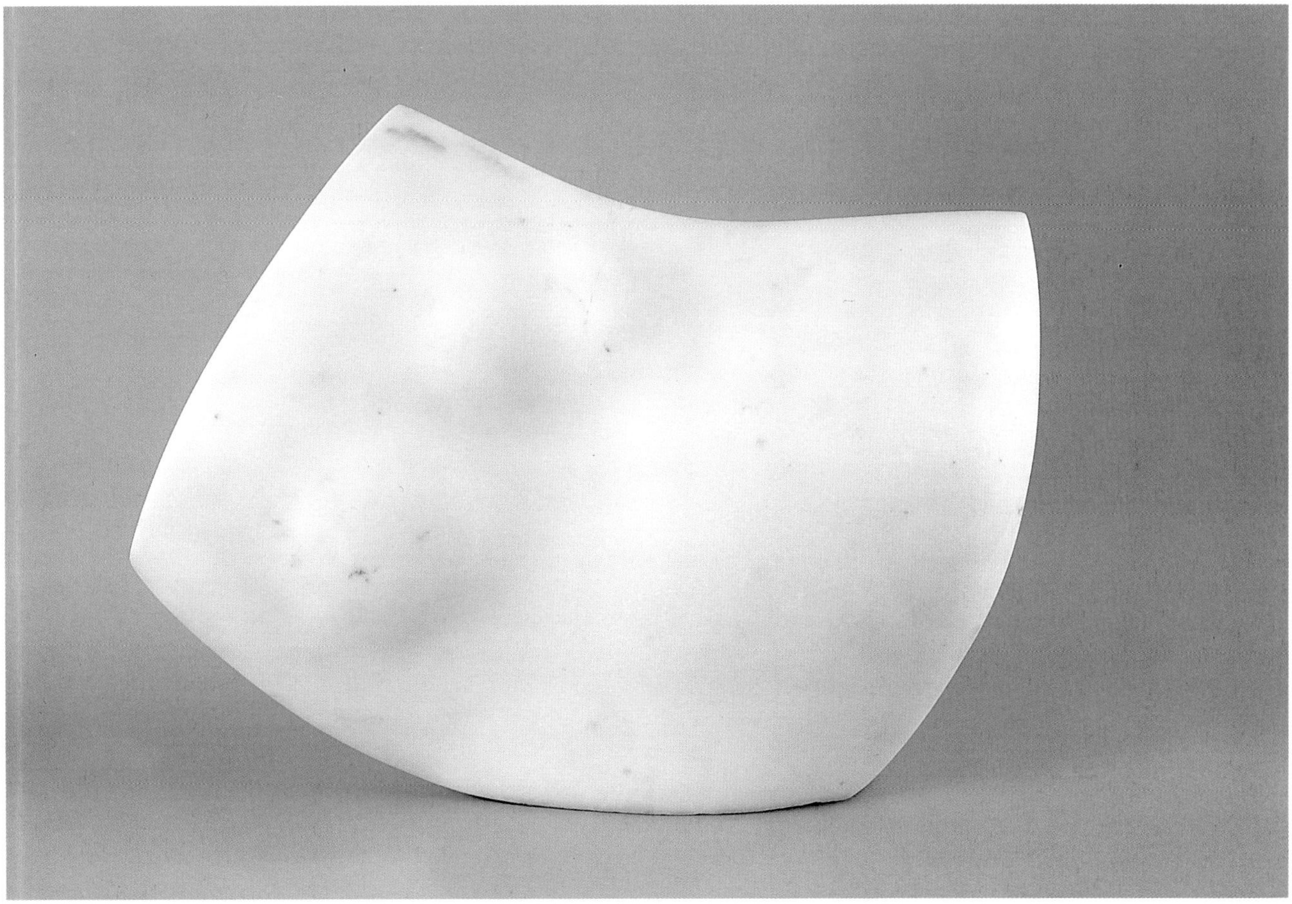

TORSO. 1965-66

Mármol de Carrara, 31 x 39 x 12 cm

Galería Louise Leiris

EL SENA. 1965

Alabastro, 10 x 26 x 5 cm

Galería Elvira González

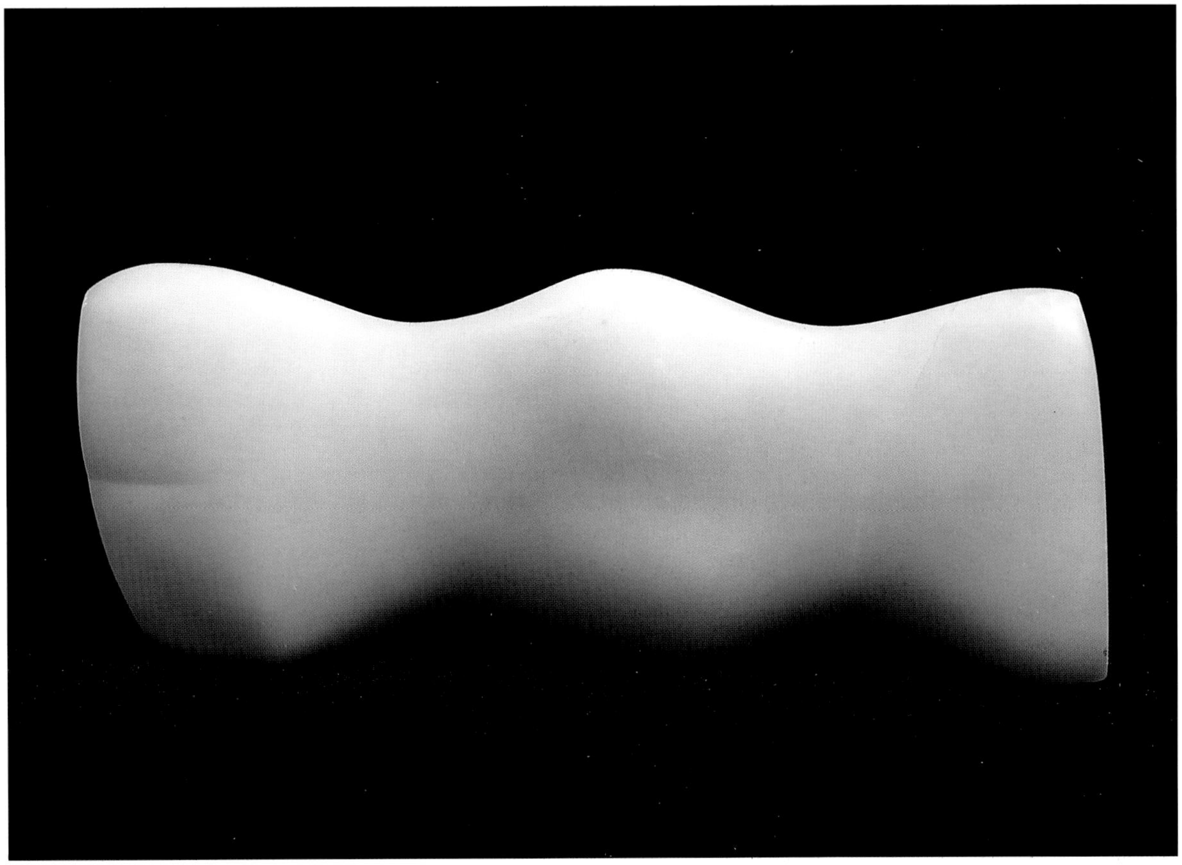

EL SENA. 1965-66

Granito negro de Bélgica, 34 x 80 x 17 cm

Colección Badía-Escribano, Valencia

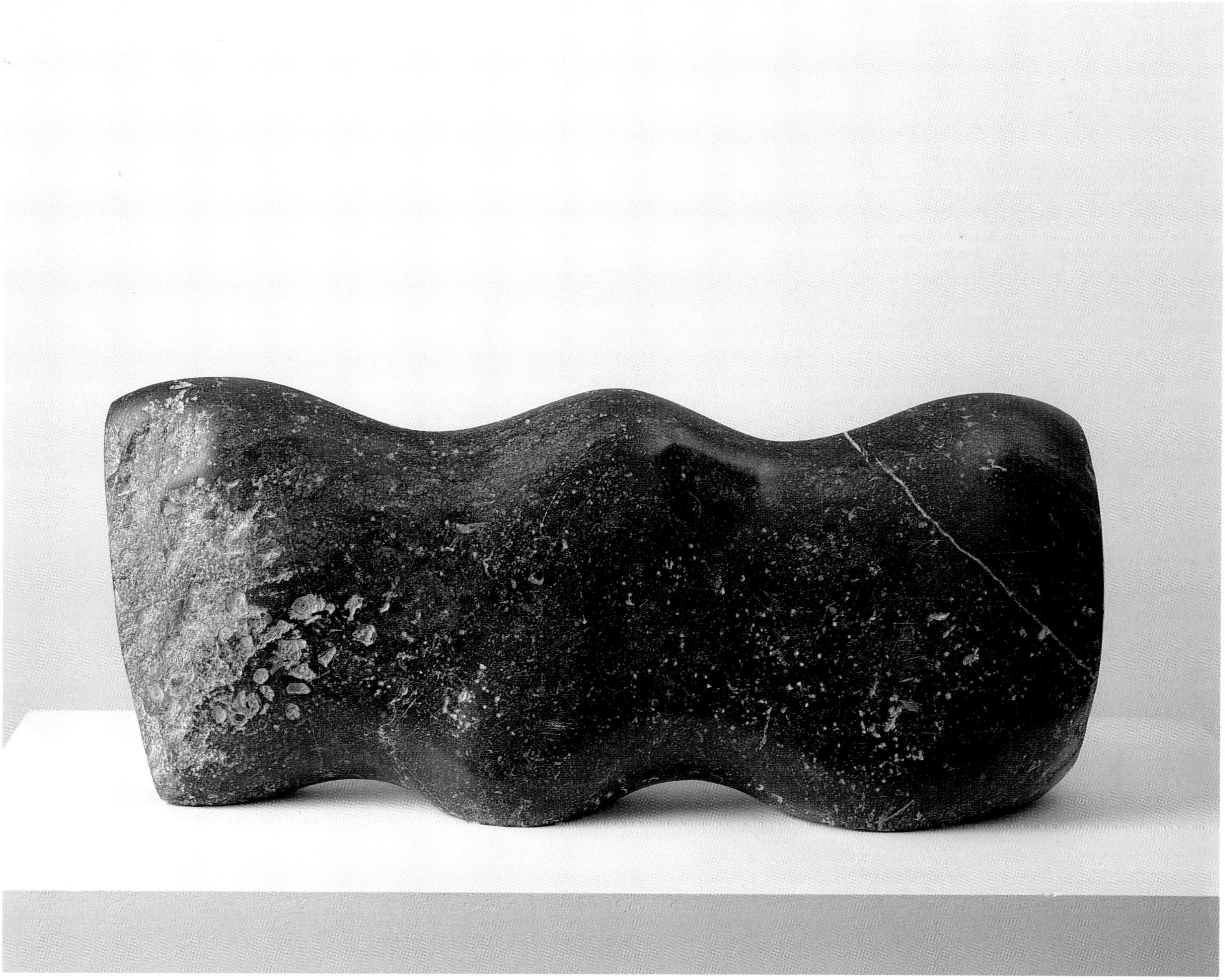

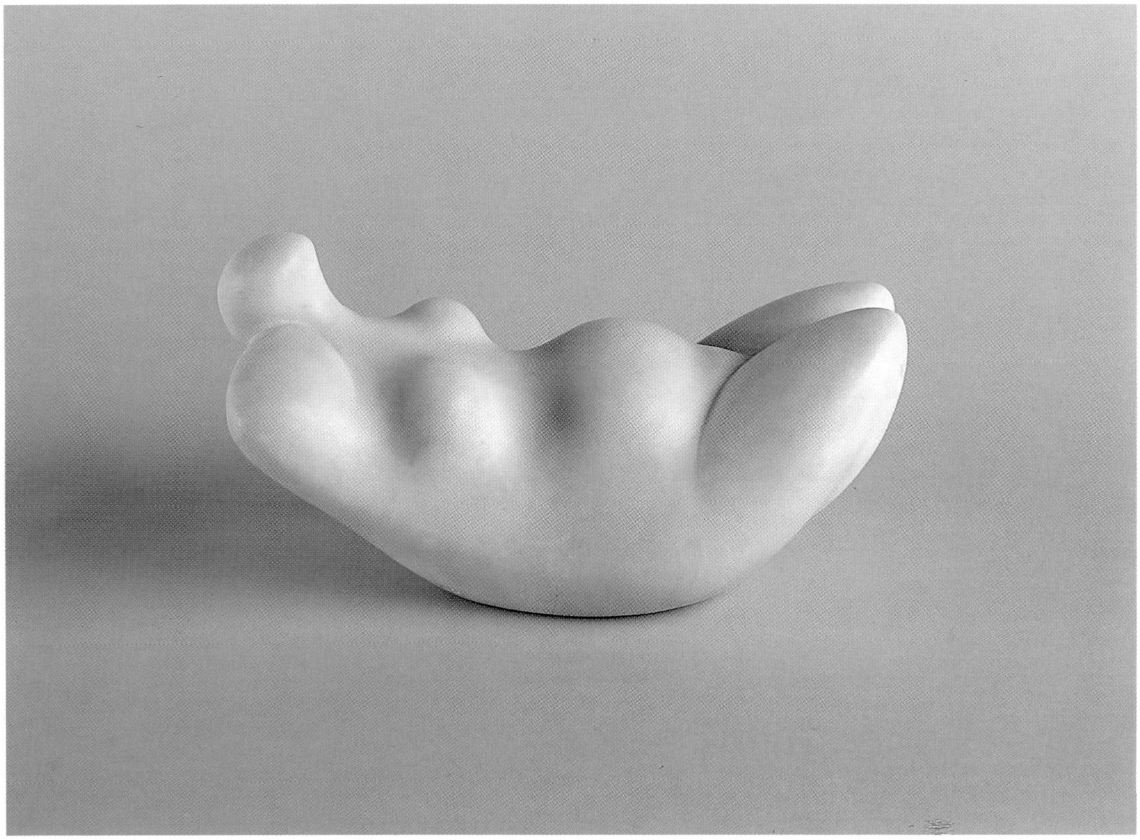

EL ALBA O LA ISLA. 1965-66

Mármol blanco de Carrara, 16,5 x 31,7 x 16,6 cm

Museo de Bellas Artes de Bilbao

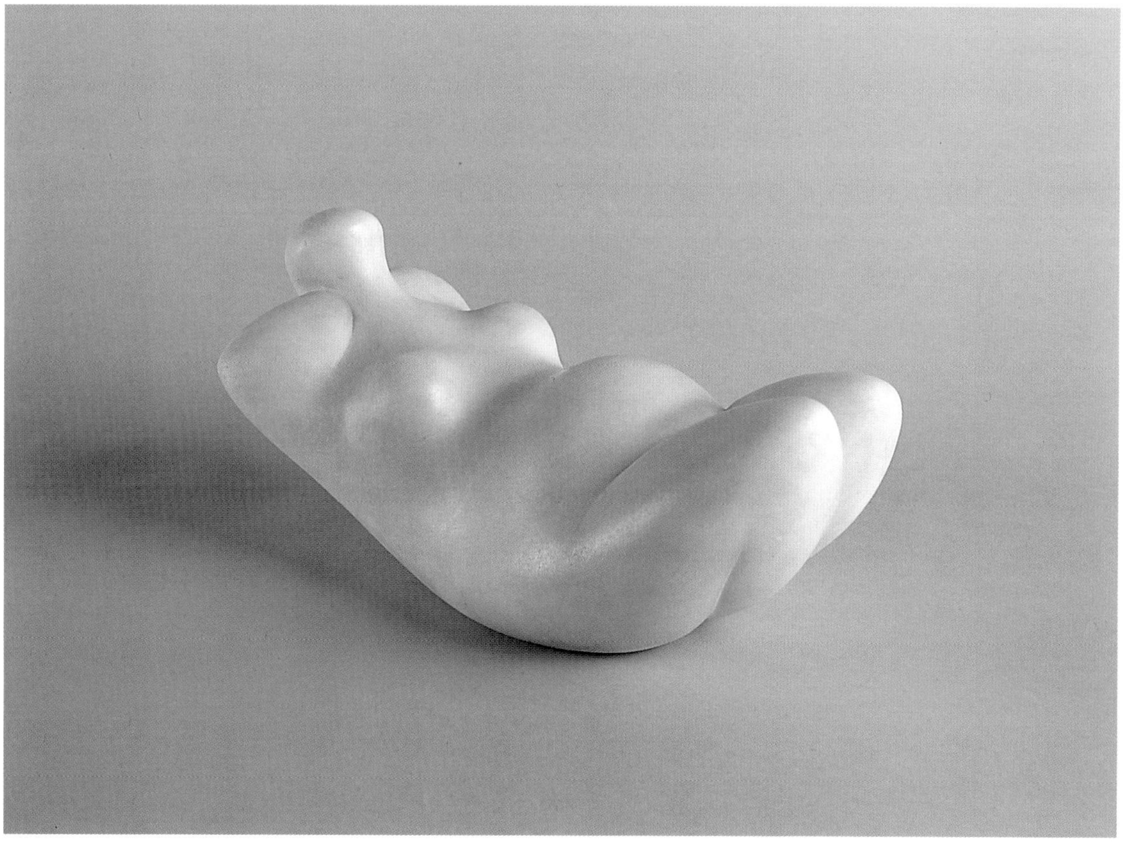

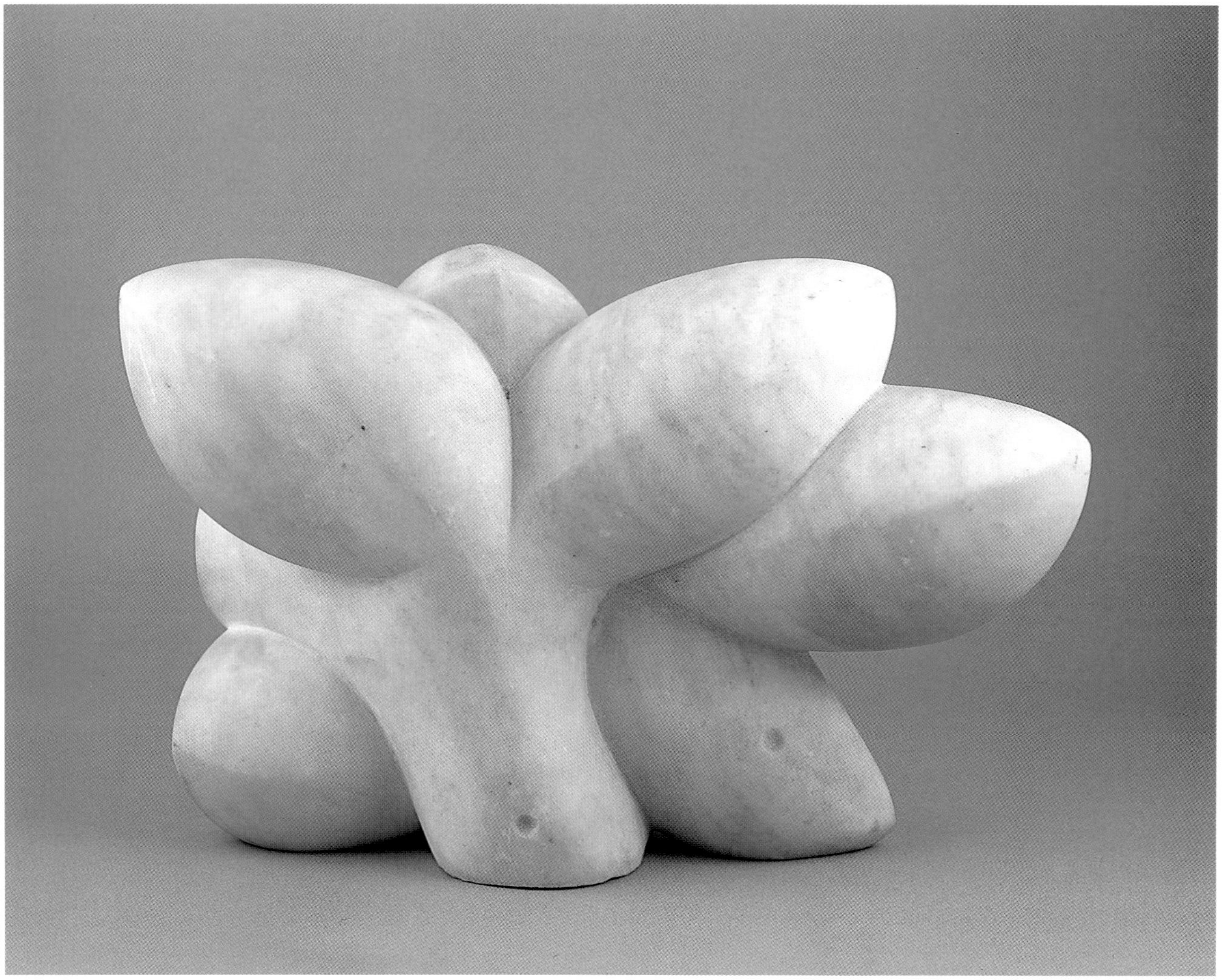

AVES MARINAS. 1967-68

Mármol gris de Carrara, 28 x 43 x 14 cm

Colección particular, Suiza

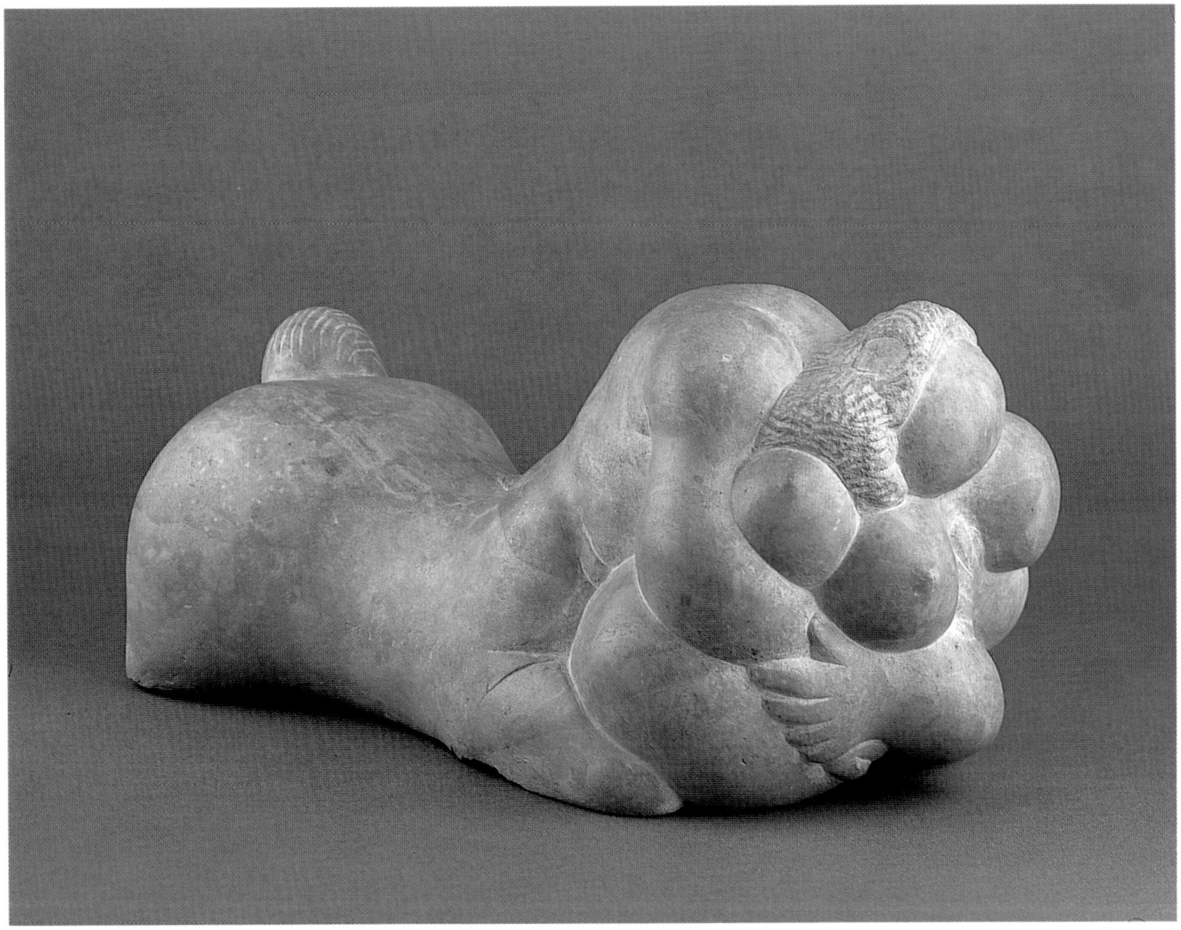

CENTAURO Y MUJER. 1967-68

Piedra de Borgoña, 37 x 17,5 x 18 cm

Galería Nathan, Zurich

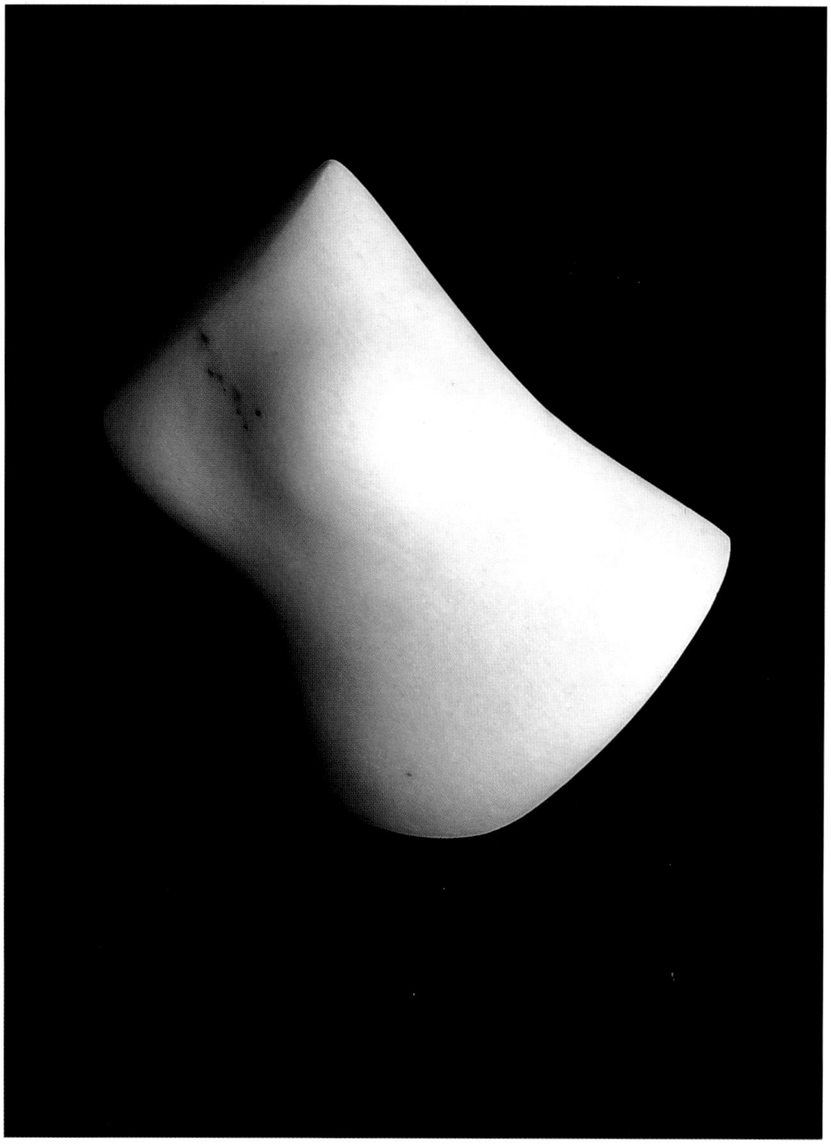

TORSO. 1969

Mármol blanco de Carrara, 21 x 19 x 9 cm

Colección María Fierro Guerra

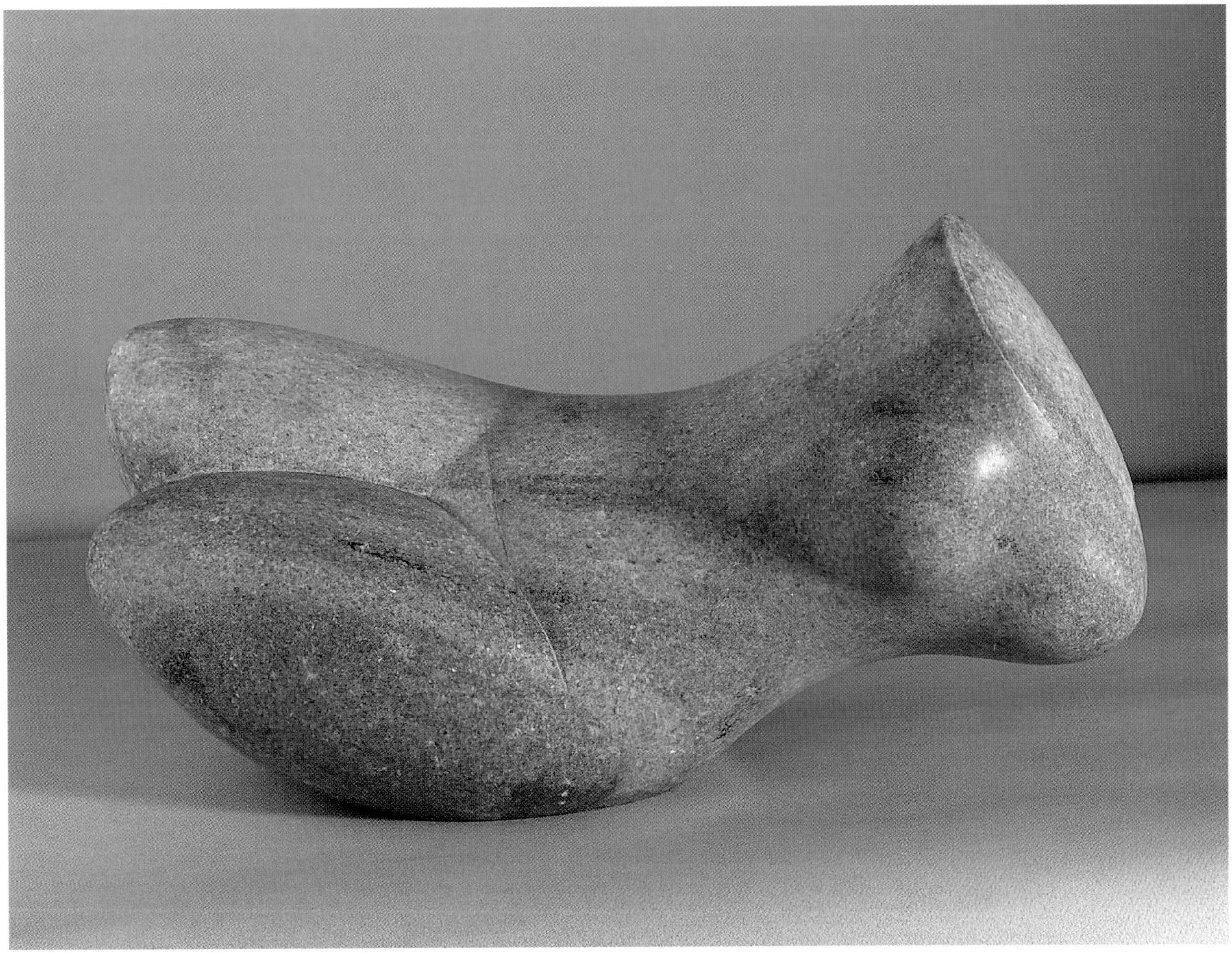

TORSO INCLINADO EN EL ESPACIO. 1969

Mármol rosa de Milán, 27 x 47 x 20 cm

Colección Barbara y Dr. Peter Nathan, Zurich

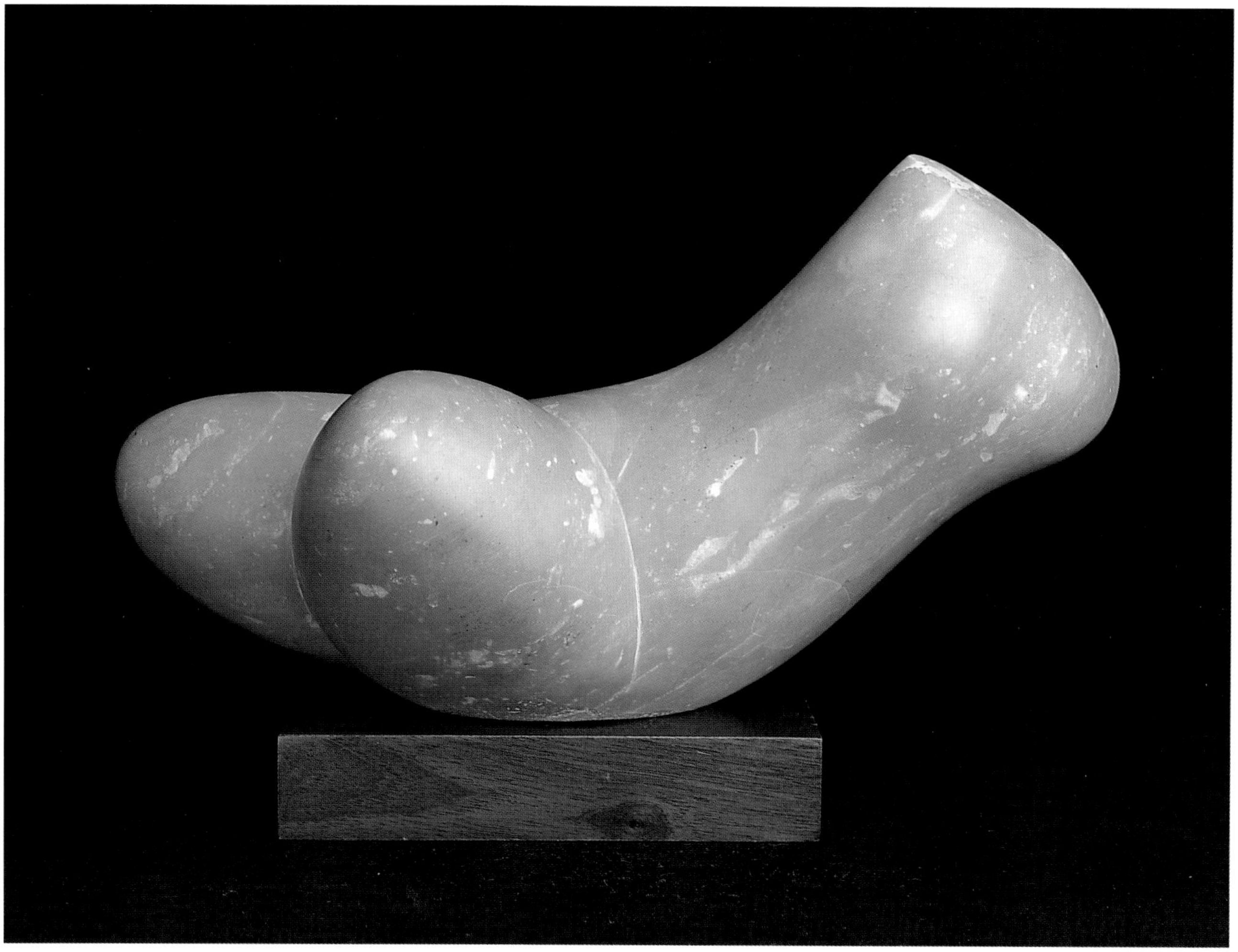

TORSO INCLINADO EN EL ESPACIO. 1970

Mármol de Siena, 20 x 38,5 x 20 cm

Colección Jesús Huarte Beaumont

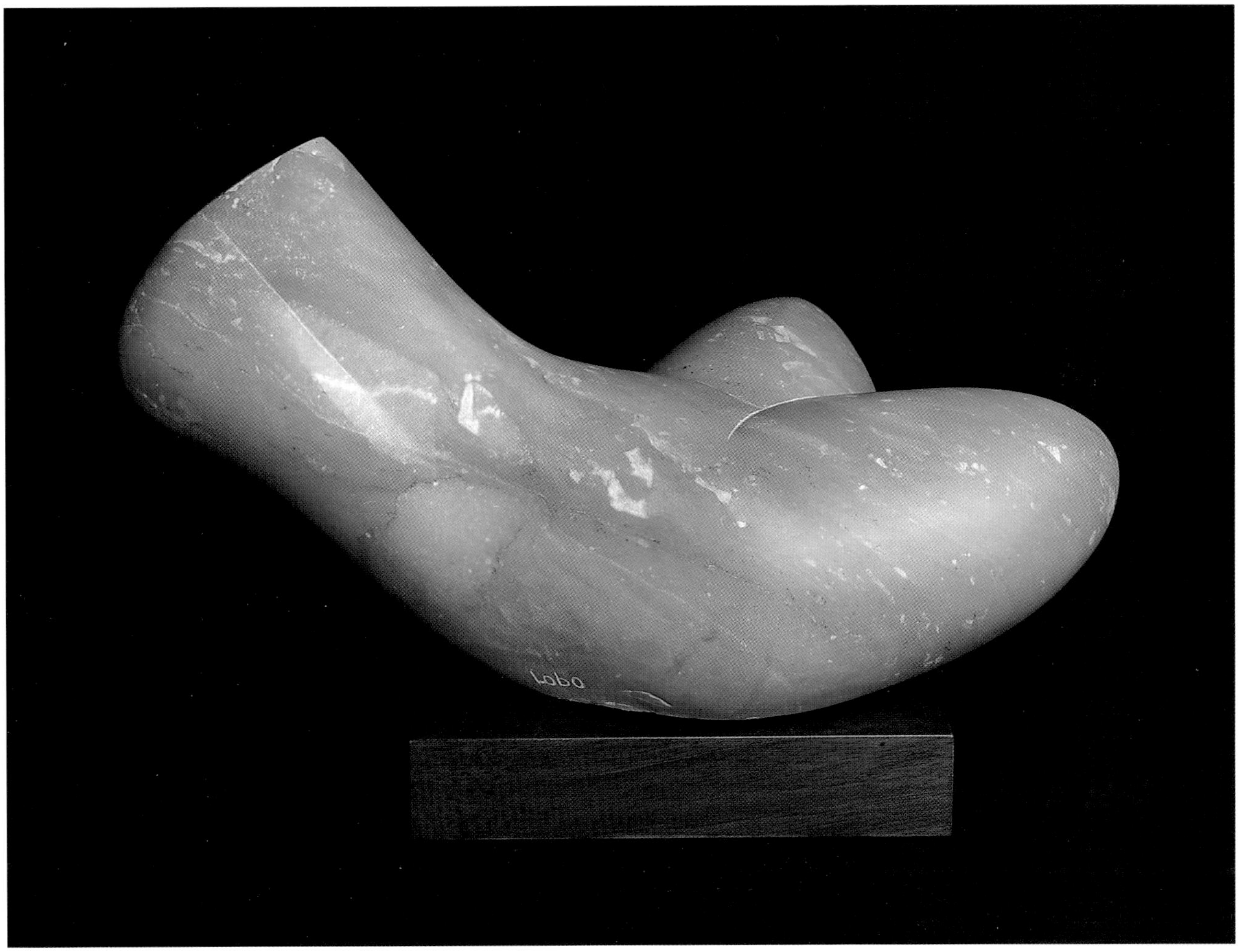

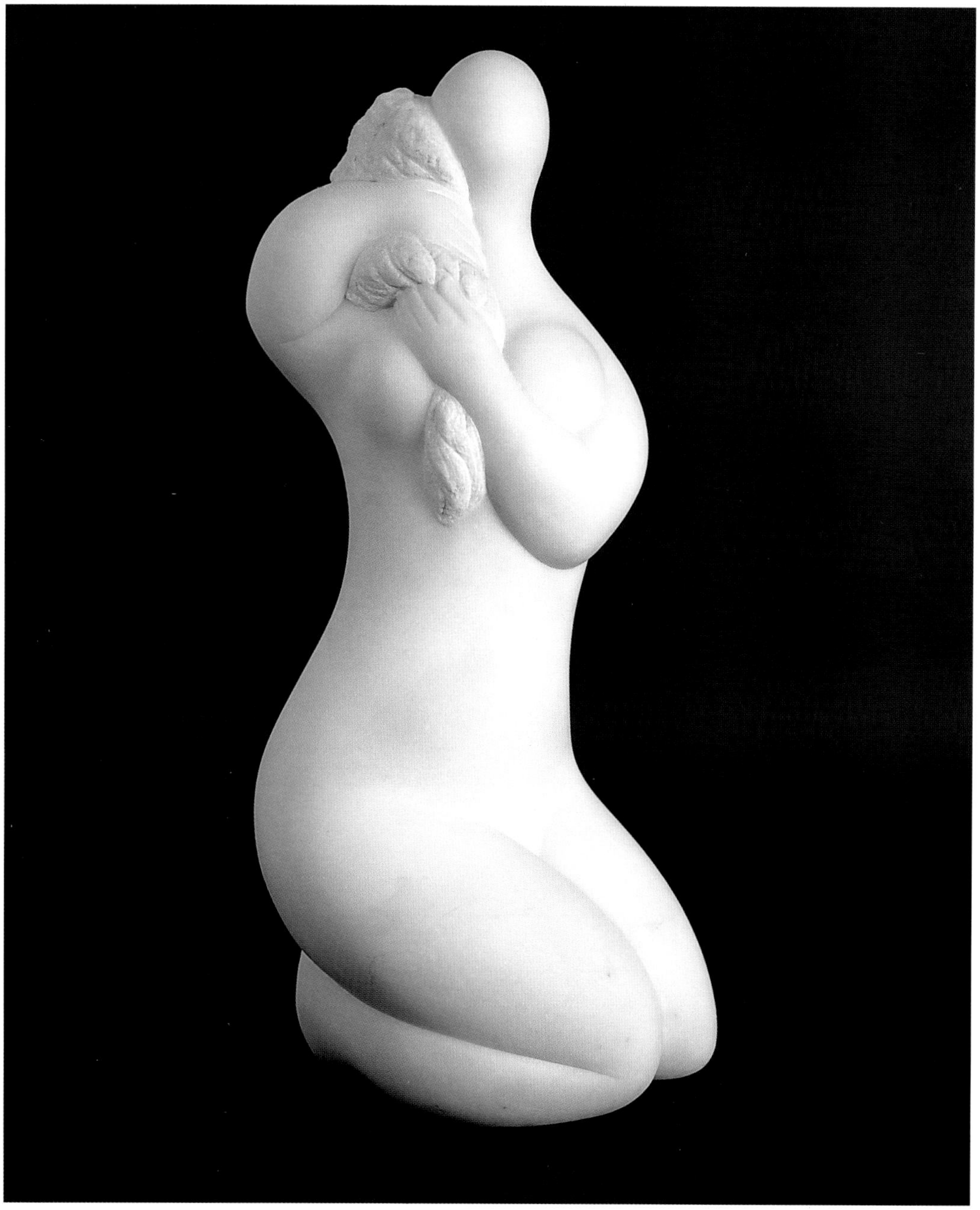

MUJER PEINÁNDOSE. 1970

Mármol blanco de Carrara, 45,5 x 20 x 15,5 cm

Colección Mut-Oltra

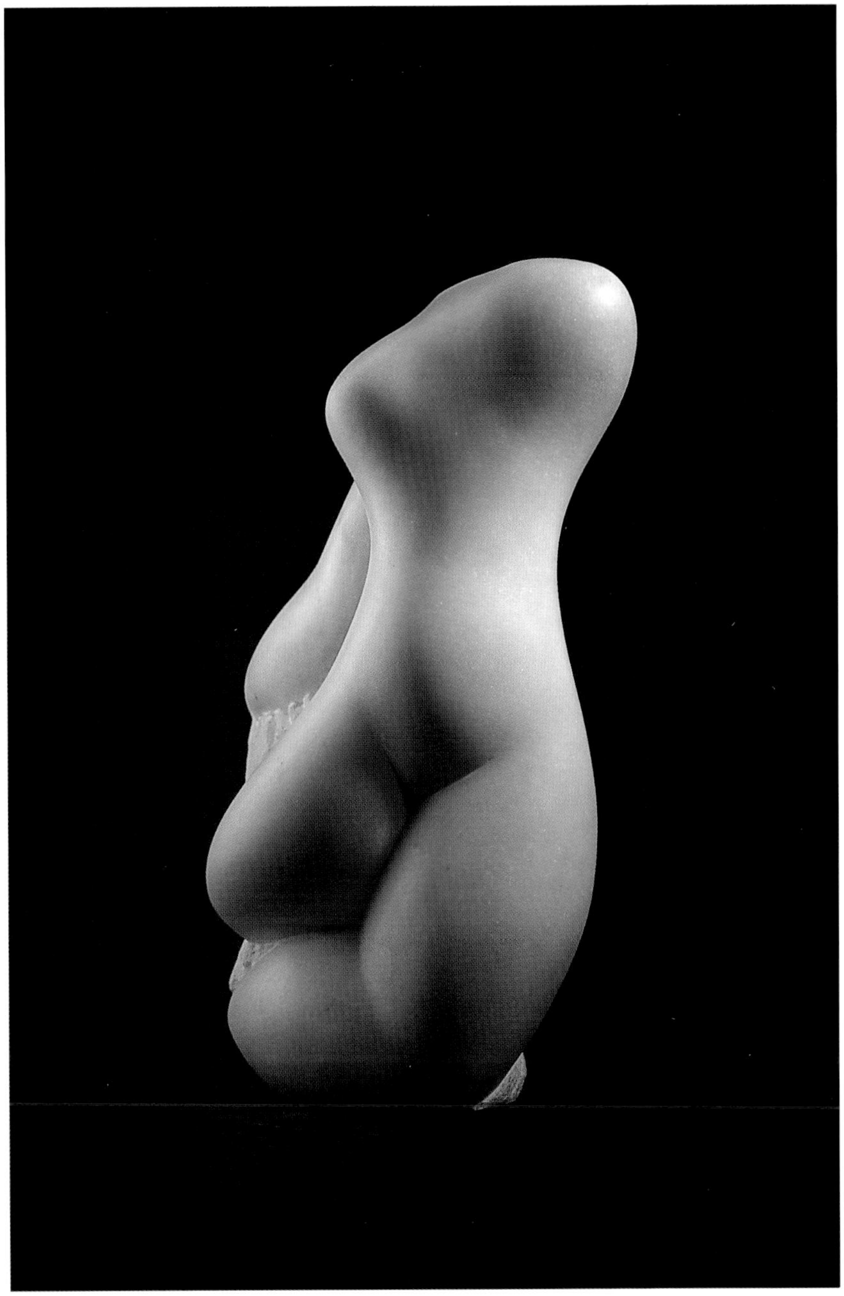

OBERSTDORF. 1971

Mármol blanco de Carrara, 48 x 27,5 x 14 cm

Colección particular, Alemania

CENTAURO Y MUJER. 1971

Mármol amarillo de Siena, 37 x 80 x 34 cm

Colección Arte Contemporáneo, Madrid

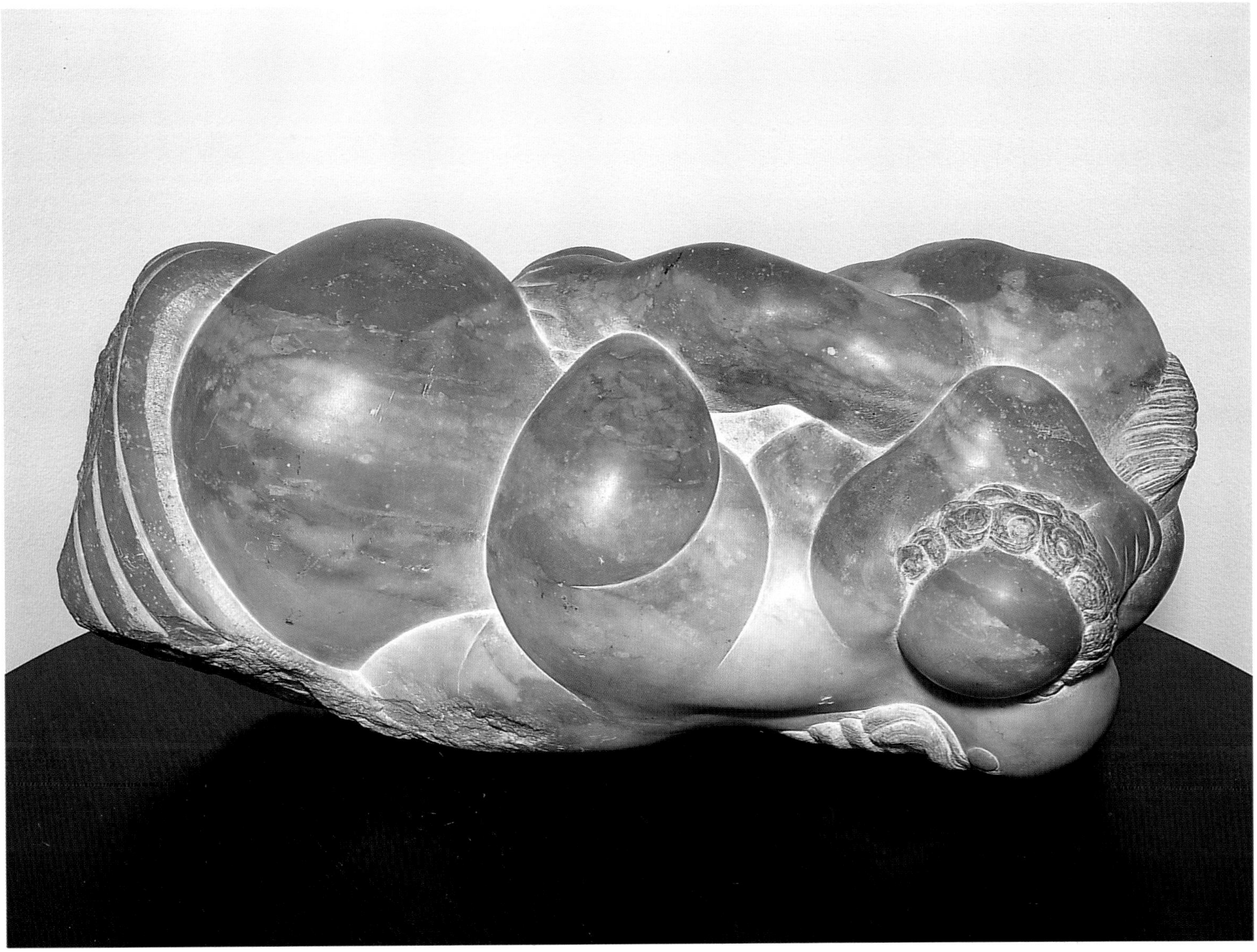

TORSO AL SOL. 1971

Mármol de Siena, 49 x 66 x 24 cm

Colección particular

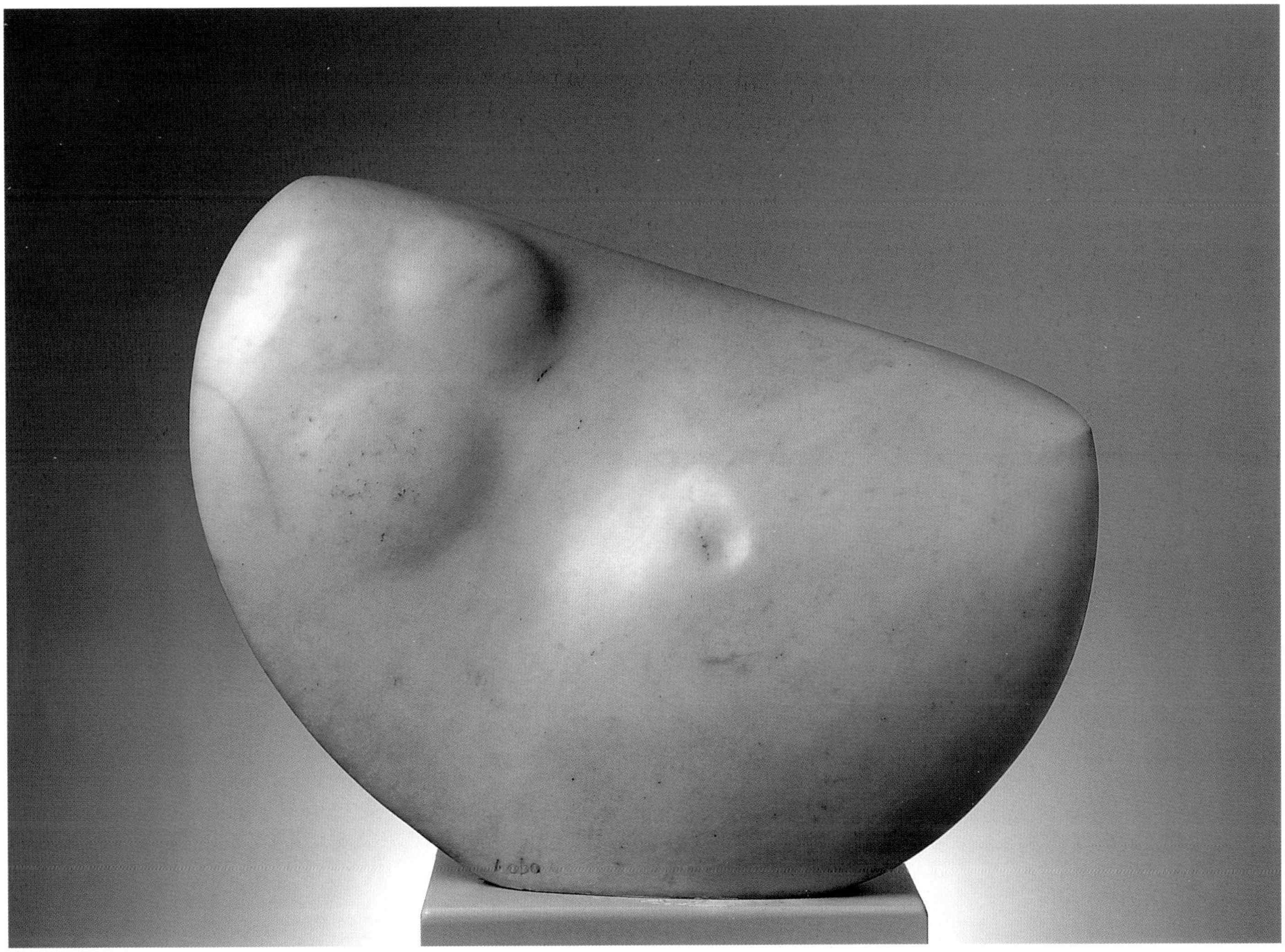

EL DESPERTAR. 1972

Mármol amarillo de Siena, 45 x 46 x 20 cm

Colección particular, Alemania

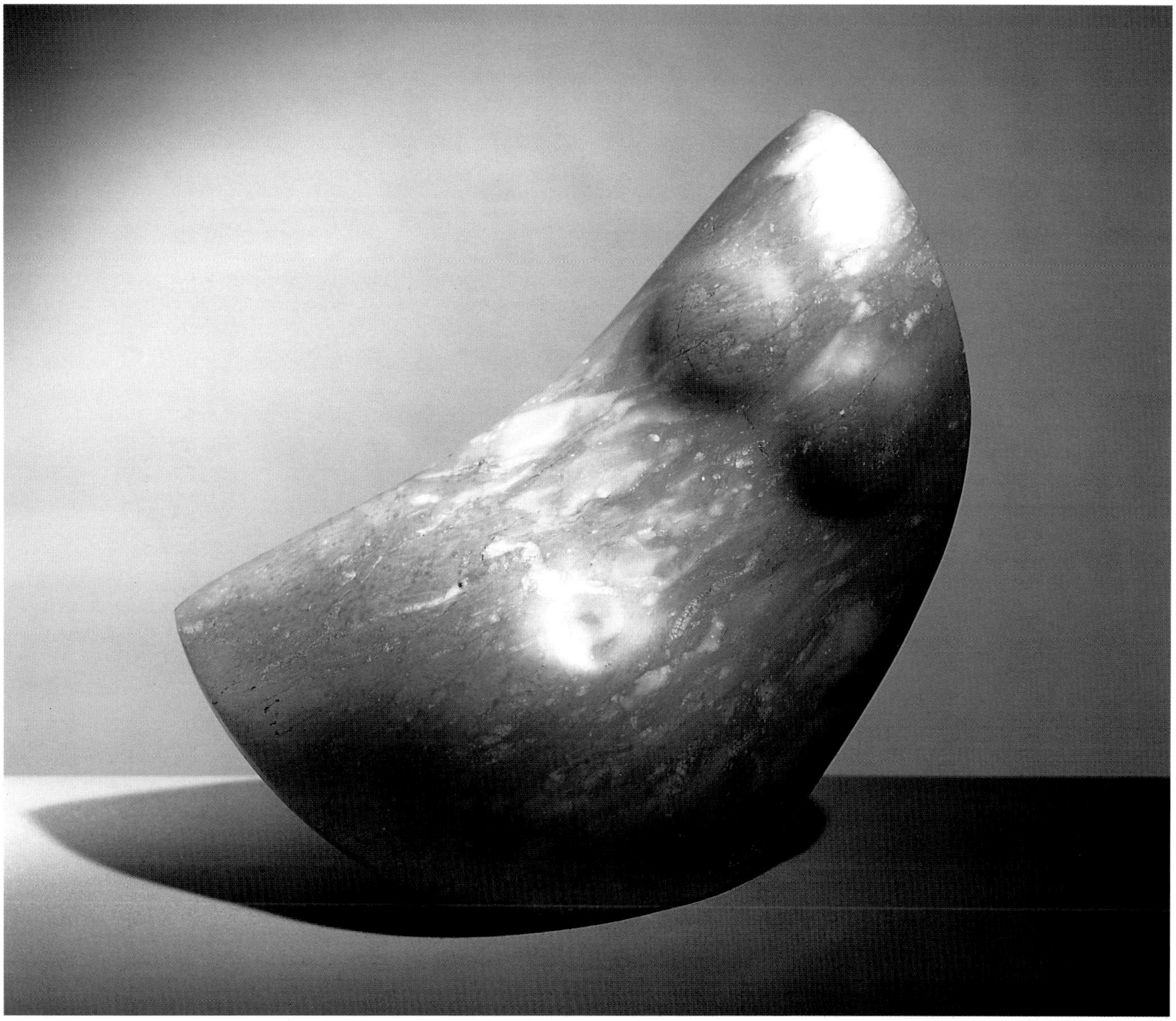

STELLA. 1972

Bronce, 70 x 33 x 16 cm

Galería Nathan, Zurich

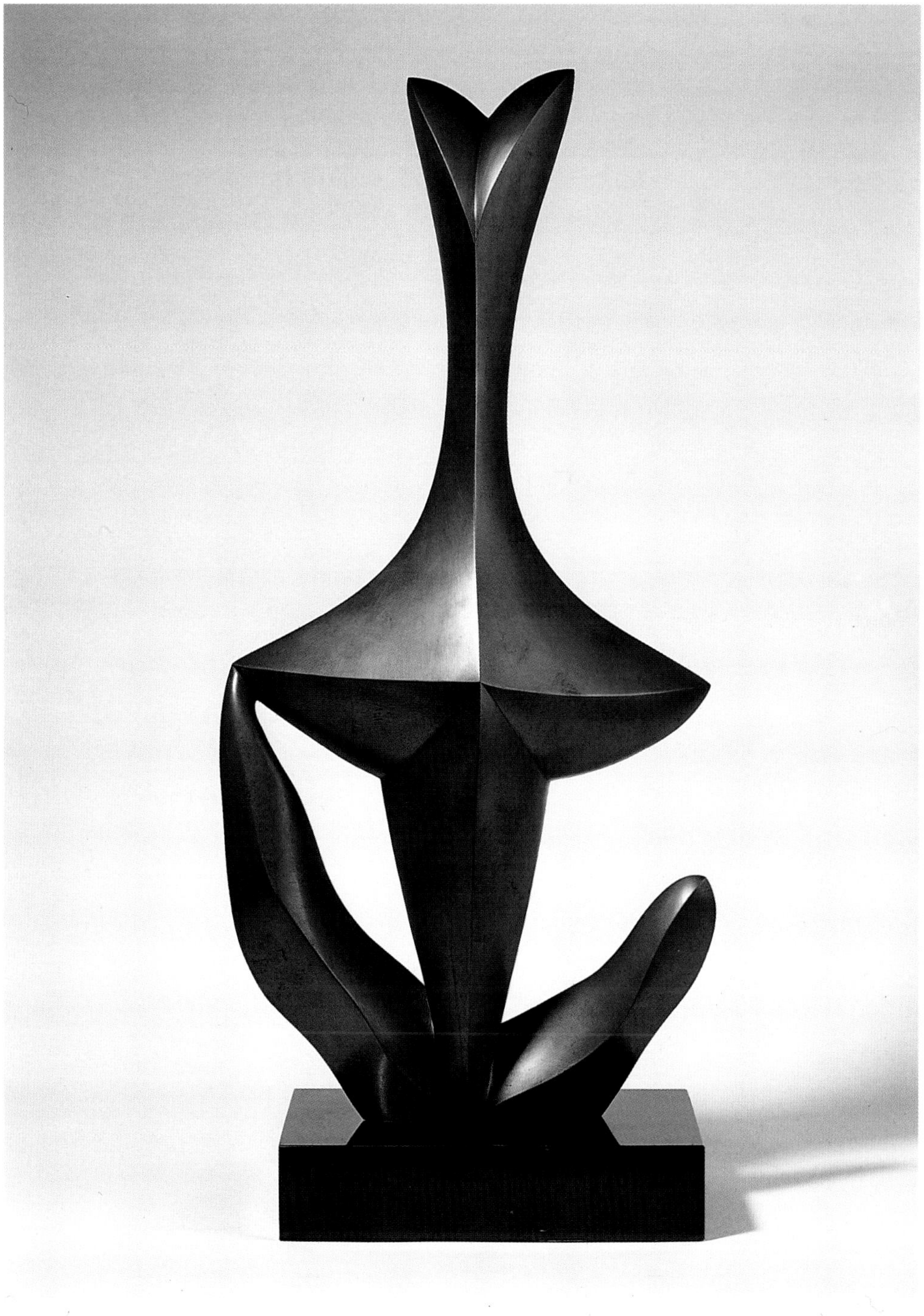

TORSO. c. 1972

Mármol, 47 x 24 x 14 cm

Colección particular

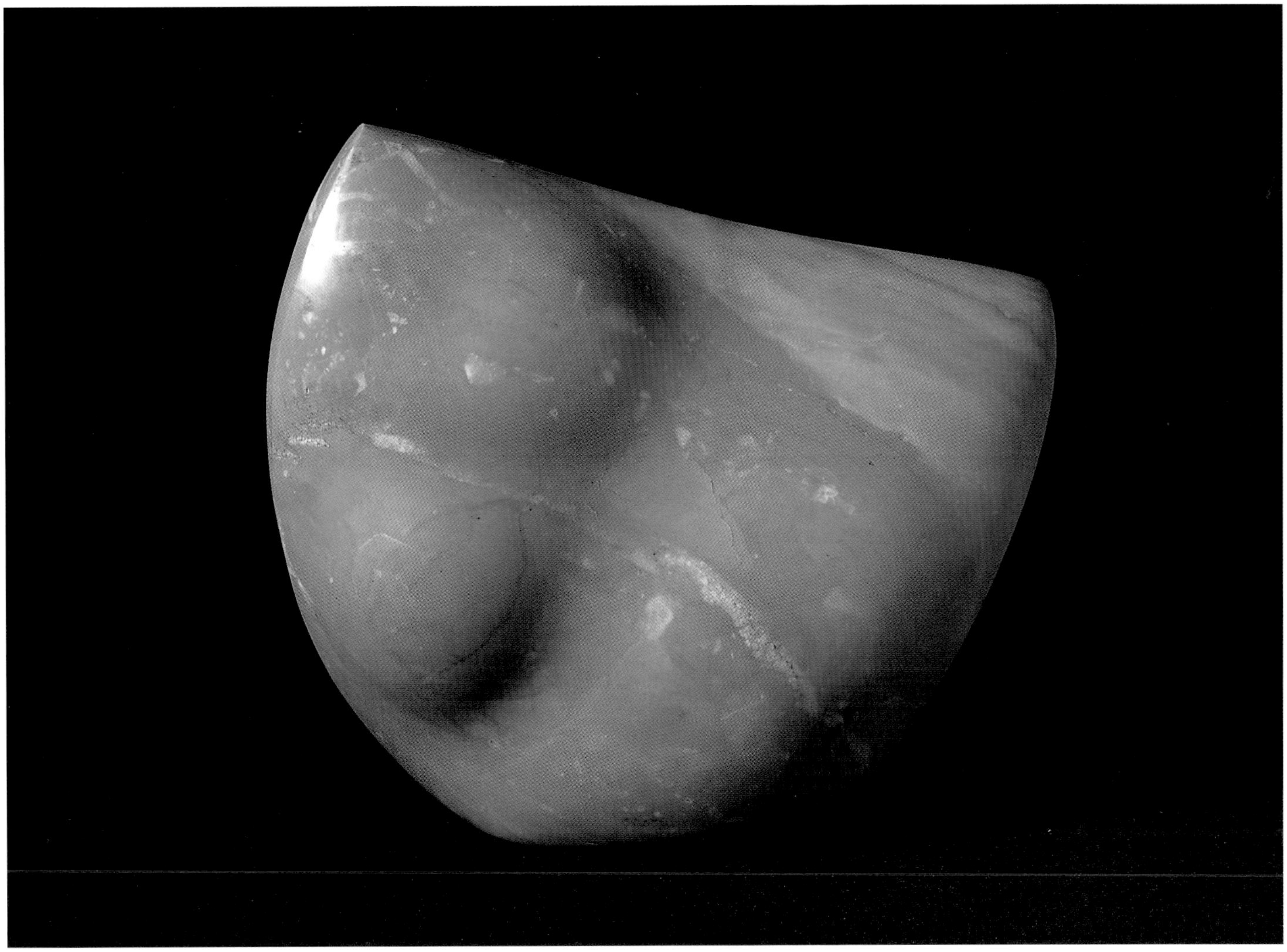

TORSO DE NOVELDA. 1973

Piedra, 90 x 125 x 50 cm

Galería Theo

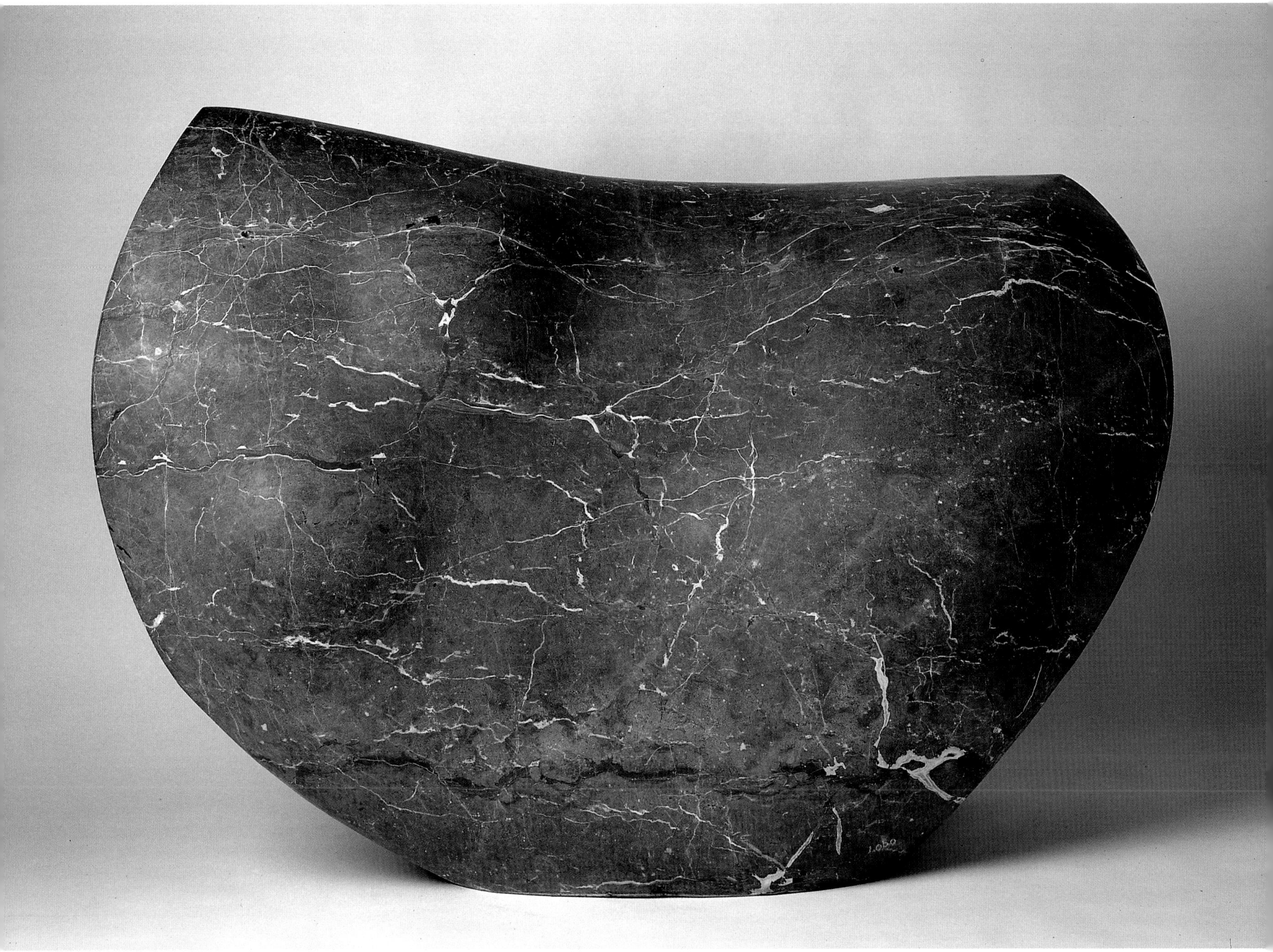

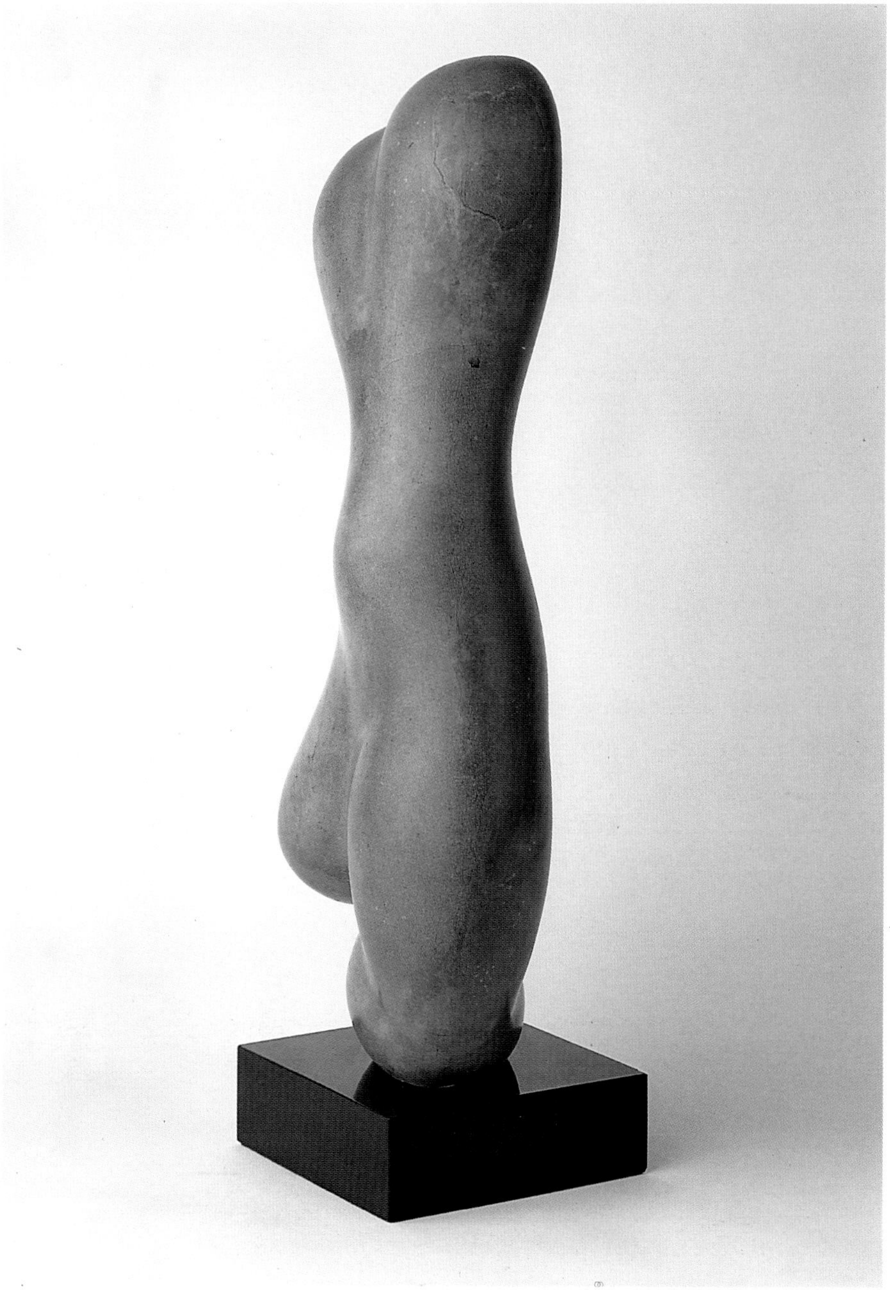

IMPULSO. 1973

Piedra roja de Borgoña, 40 x 17,5 x 7 cm

Colección particular

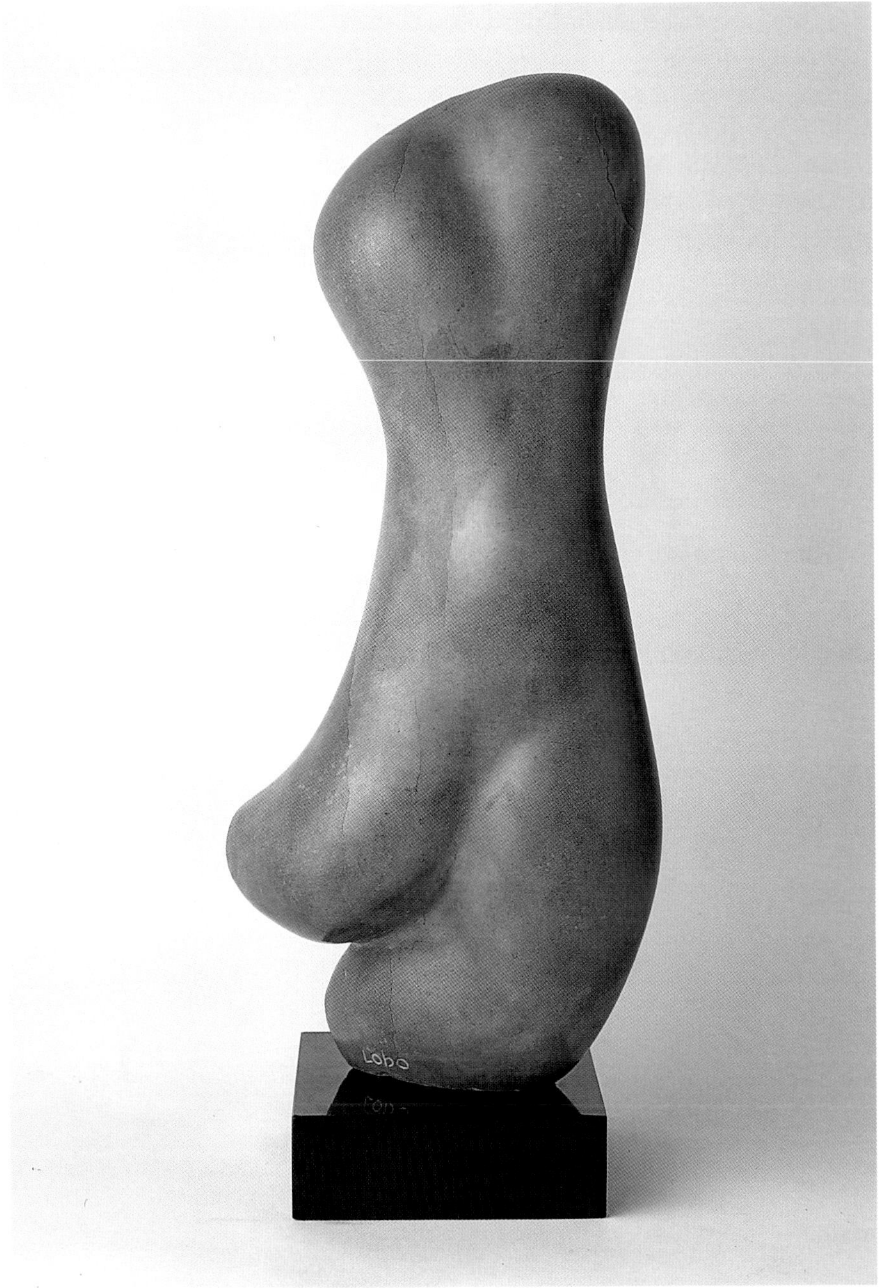
Lobo

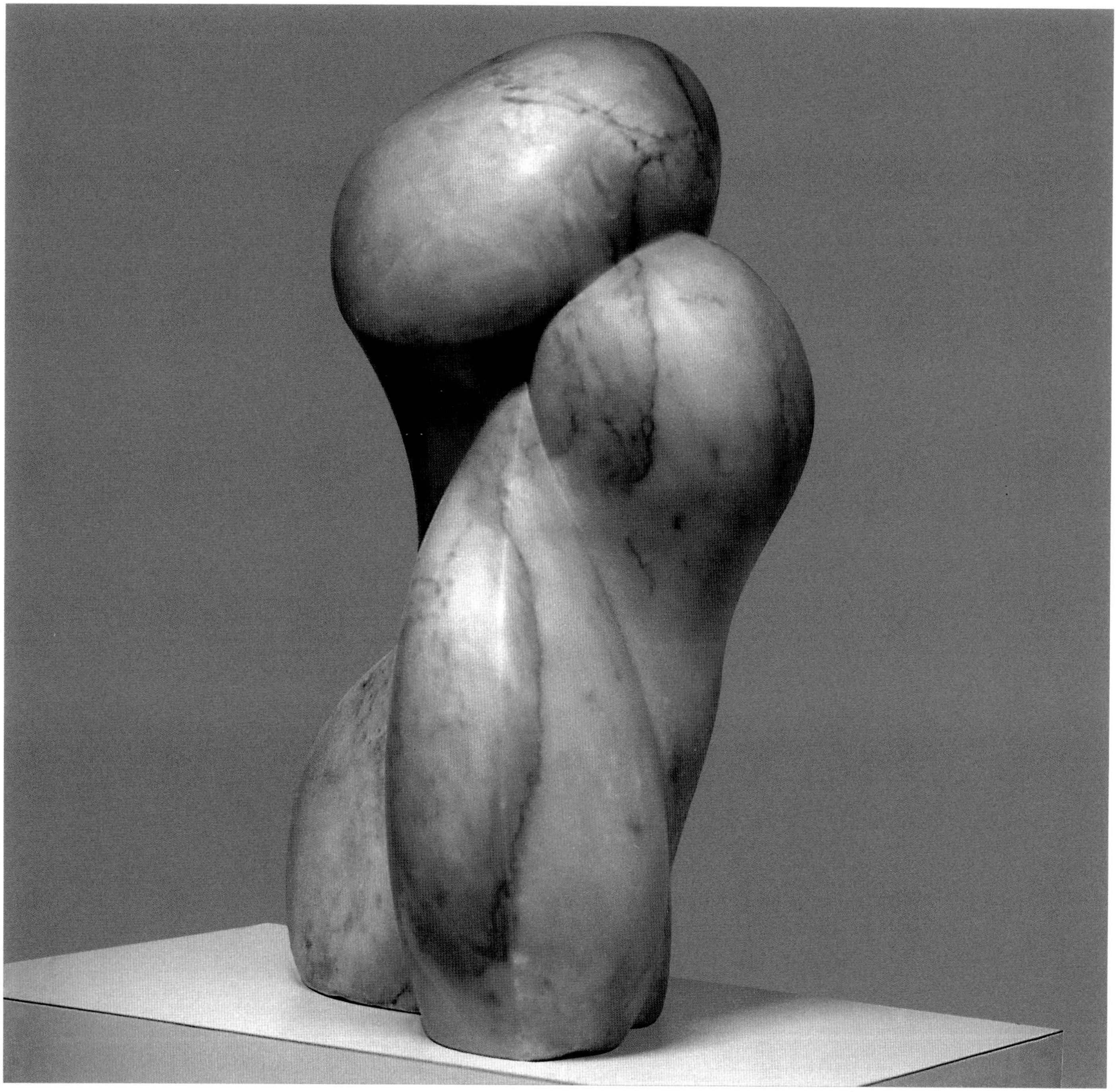

CONTEMPLATIVA. 1975

Mármol rosa, 77 x 51 x 27 cm

Colección Caja España

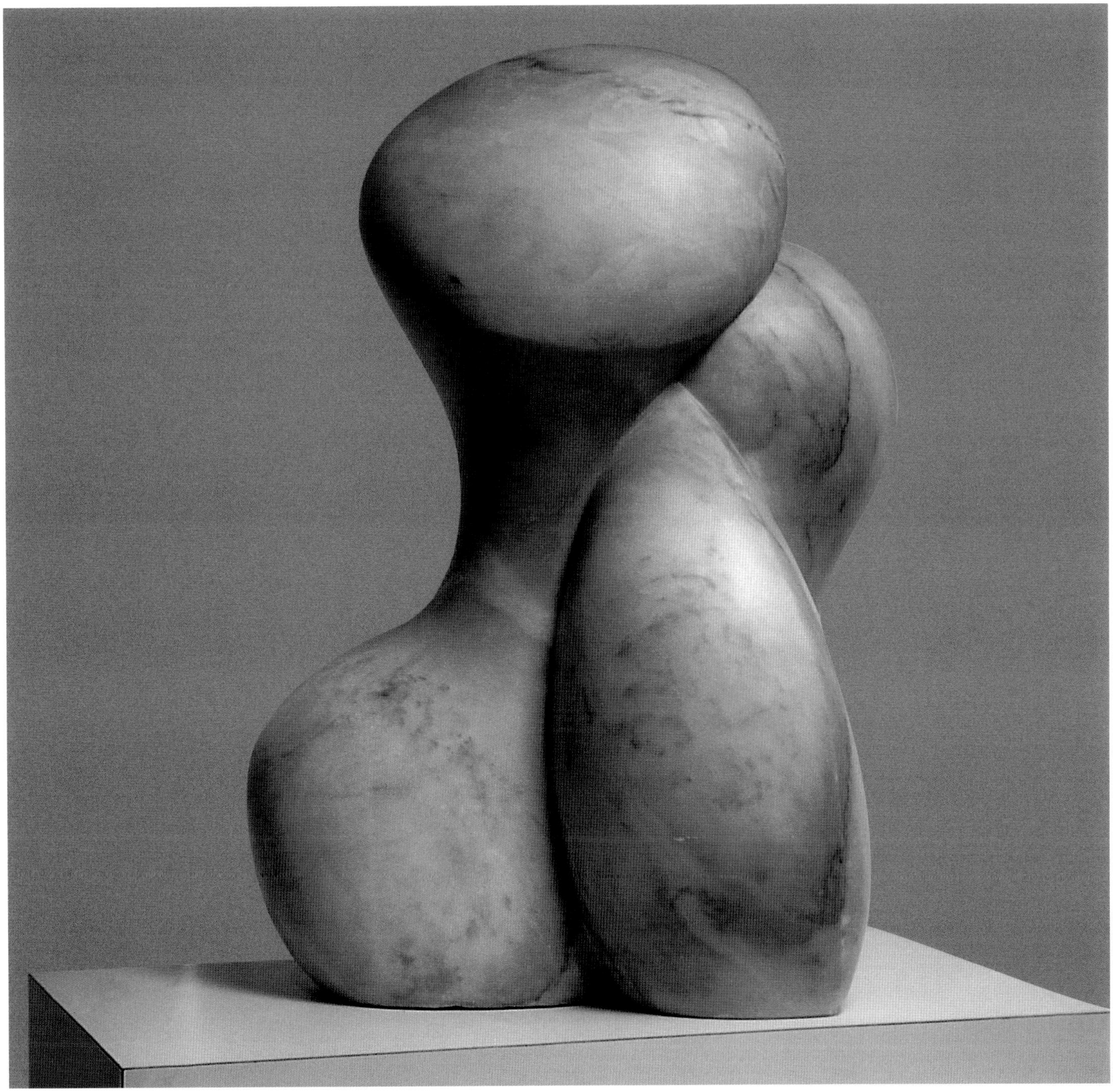

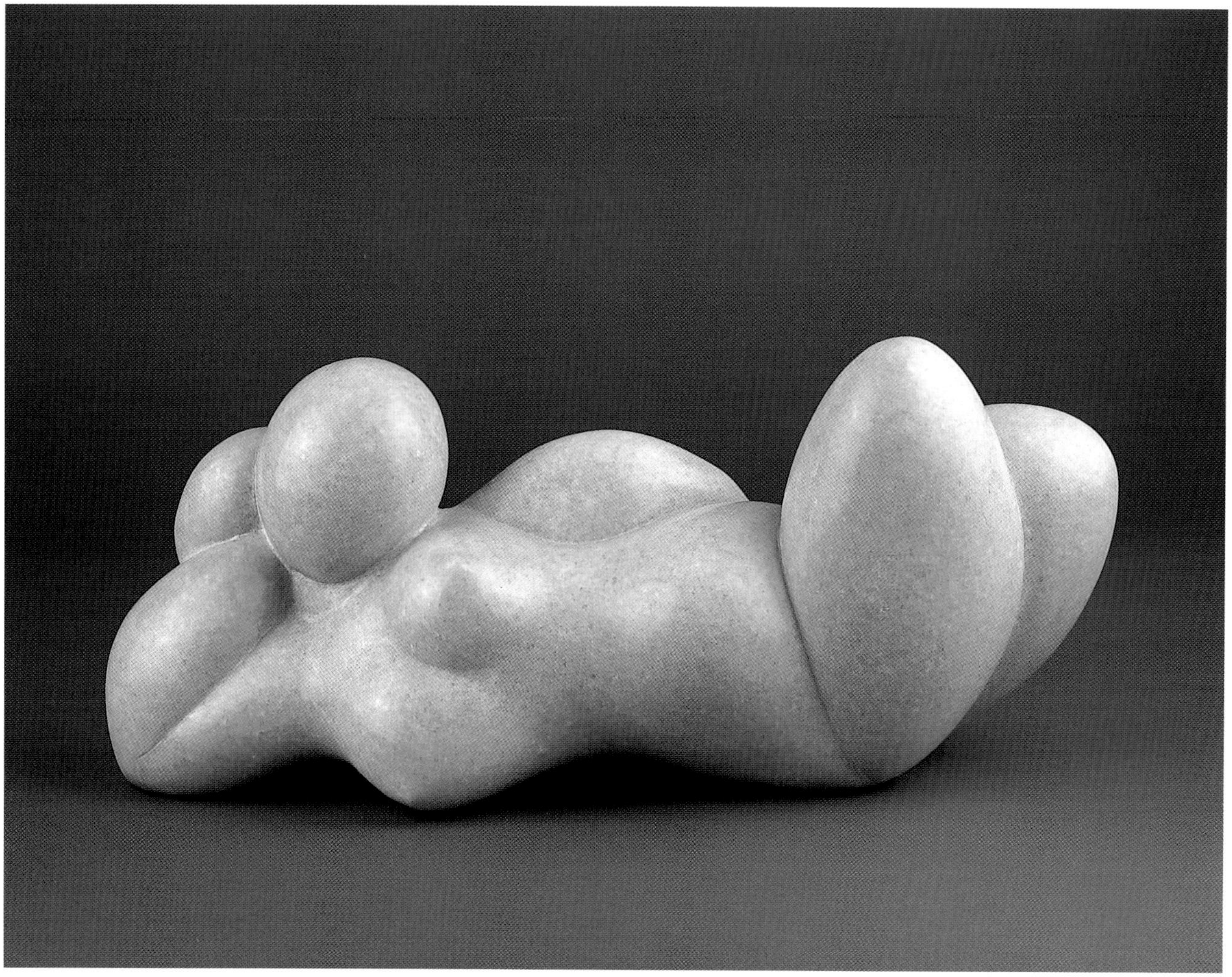

FIGURA TUMBADA. 1975

Mármol gris de Mijas, 19 x 43 x 13 cm

Colección particular, Suiza

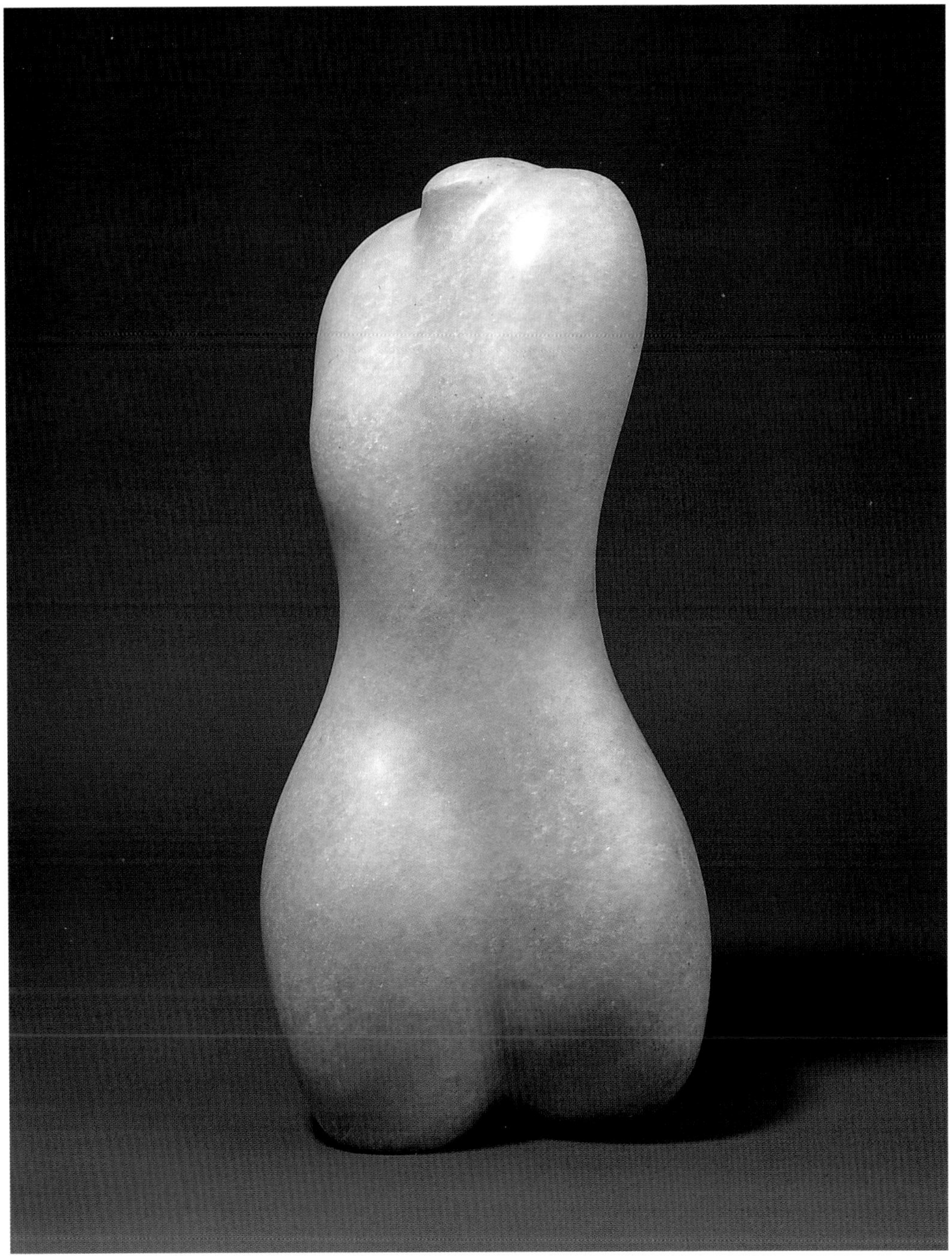

FIGURA. 1976

Mármol blanco de los Pirineos, 40,5 x 18,5 x 13,5 cm

Colección Barbara y Dr. Peter Nathan, Zurich

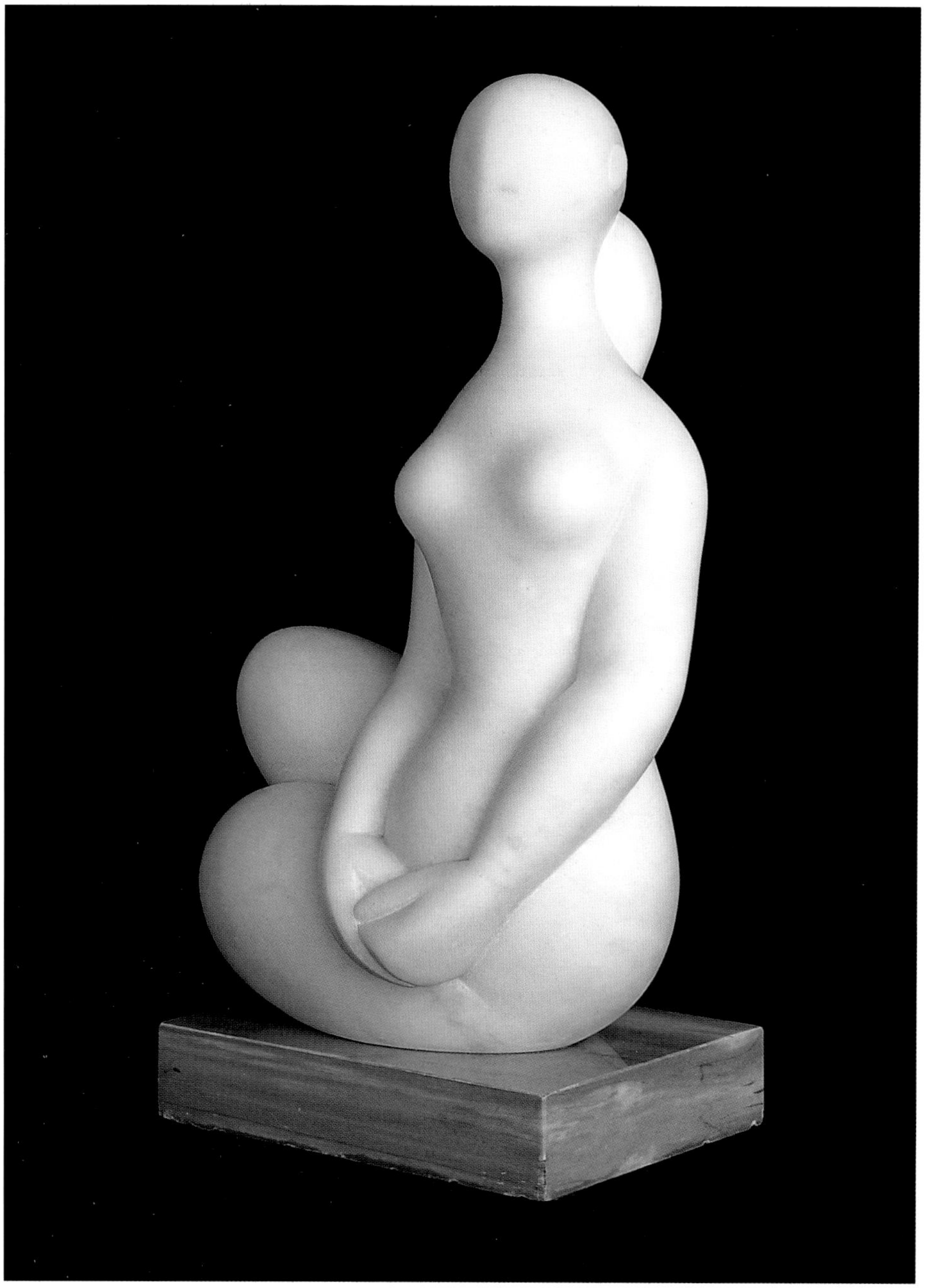

MUJER SENTADA, MANOS CRUZADAS. 1976

Mármol blanco de Mijas, 41,5 x 26 x 16 cm

Colección particular

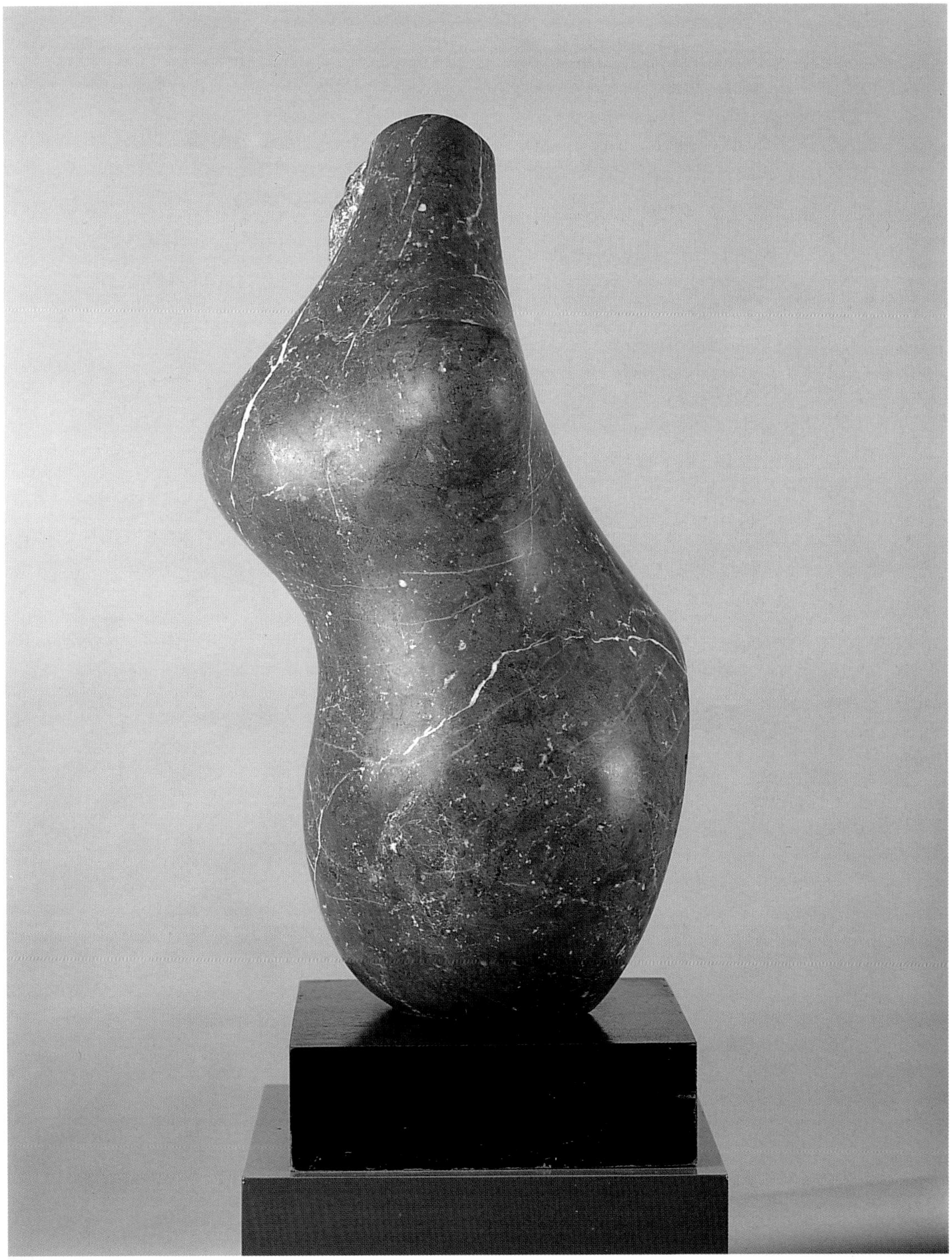

TORSO ROJO CON CABELLOS. 1976

Mármol rojo de Alicante, 66 x 36 x 28 cm

Galería Nathan, Zurich

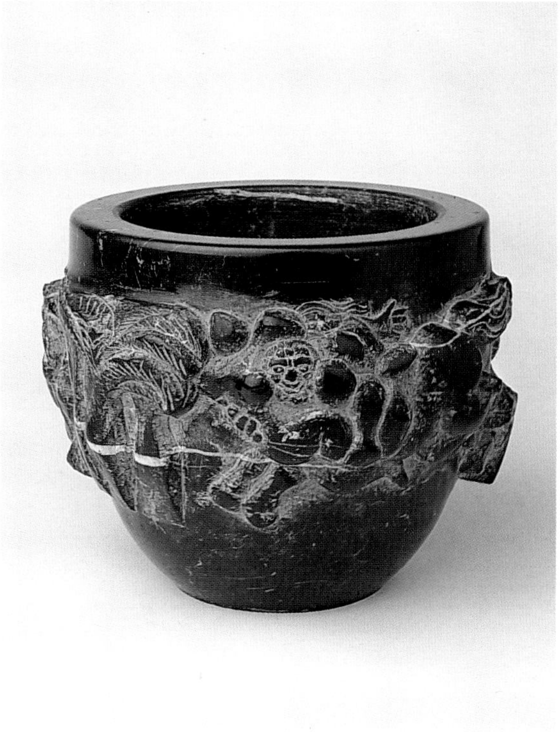
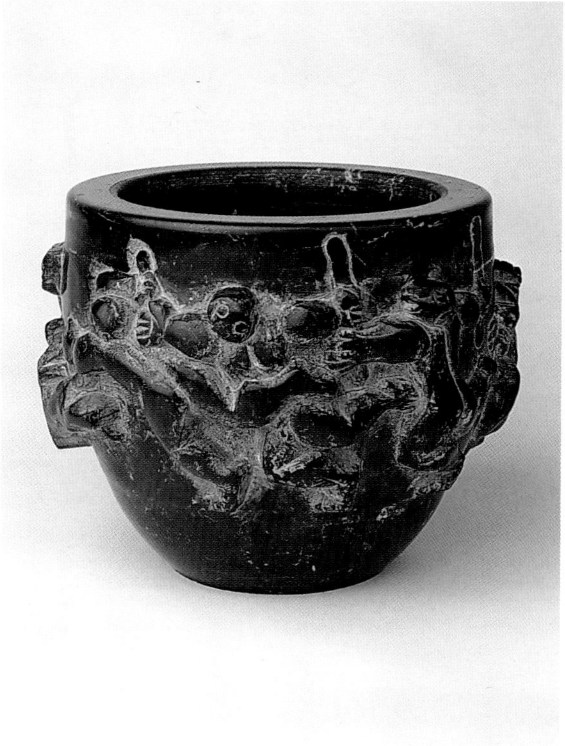

VASO. 1977

Granito negro de Bélgica, 19 x 140 cm

Colección particular

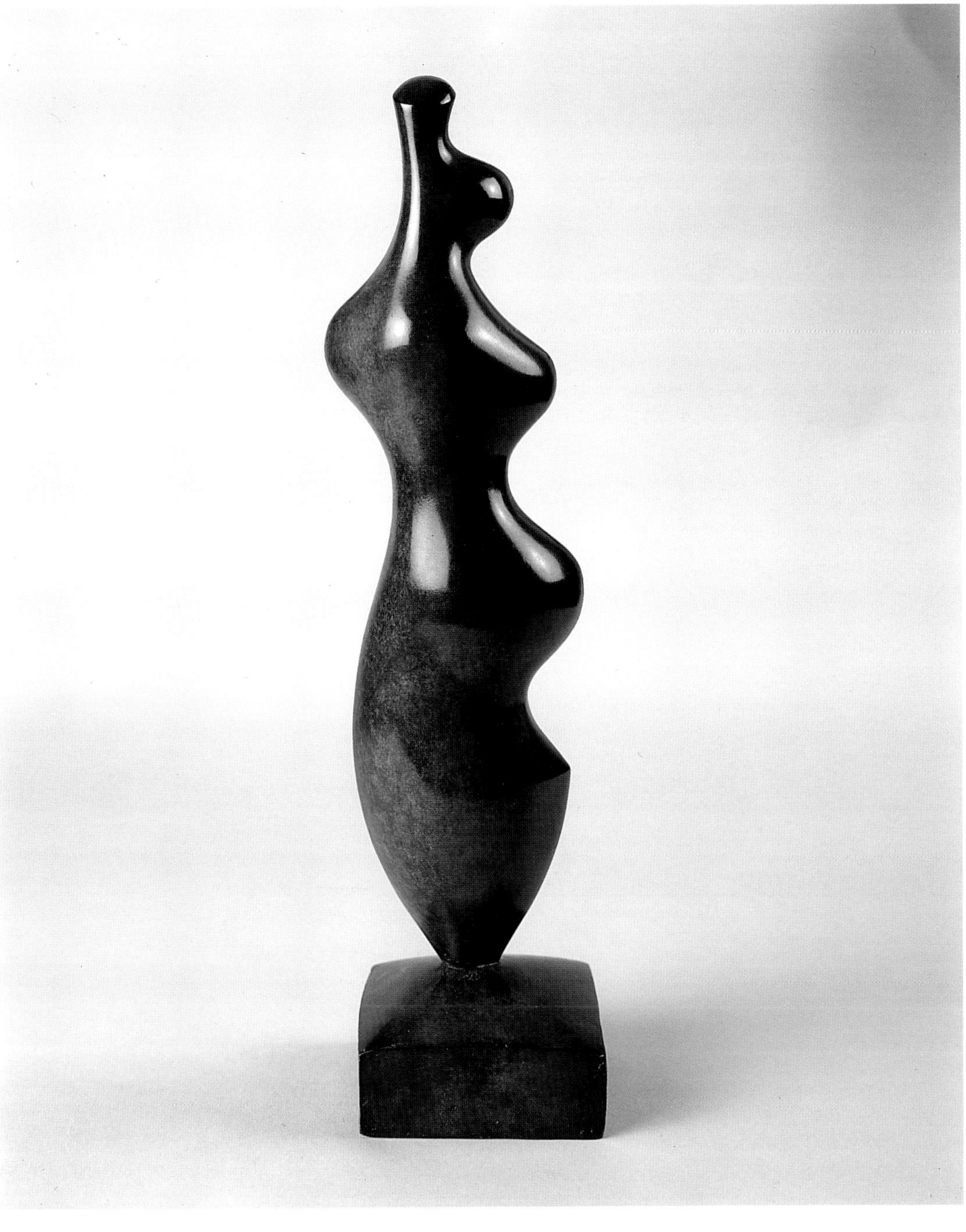

LA BRISA. 1978

Bronce, 41 x 10 x 9 cm

Colección Badía-Escribano, Valencia

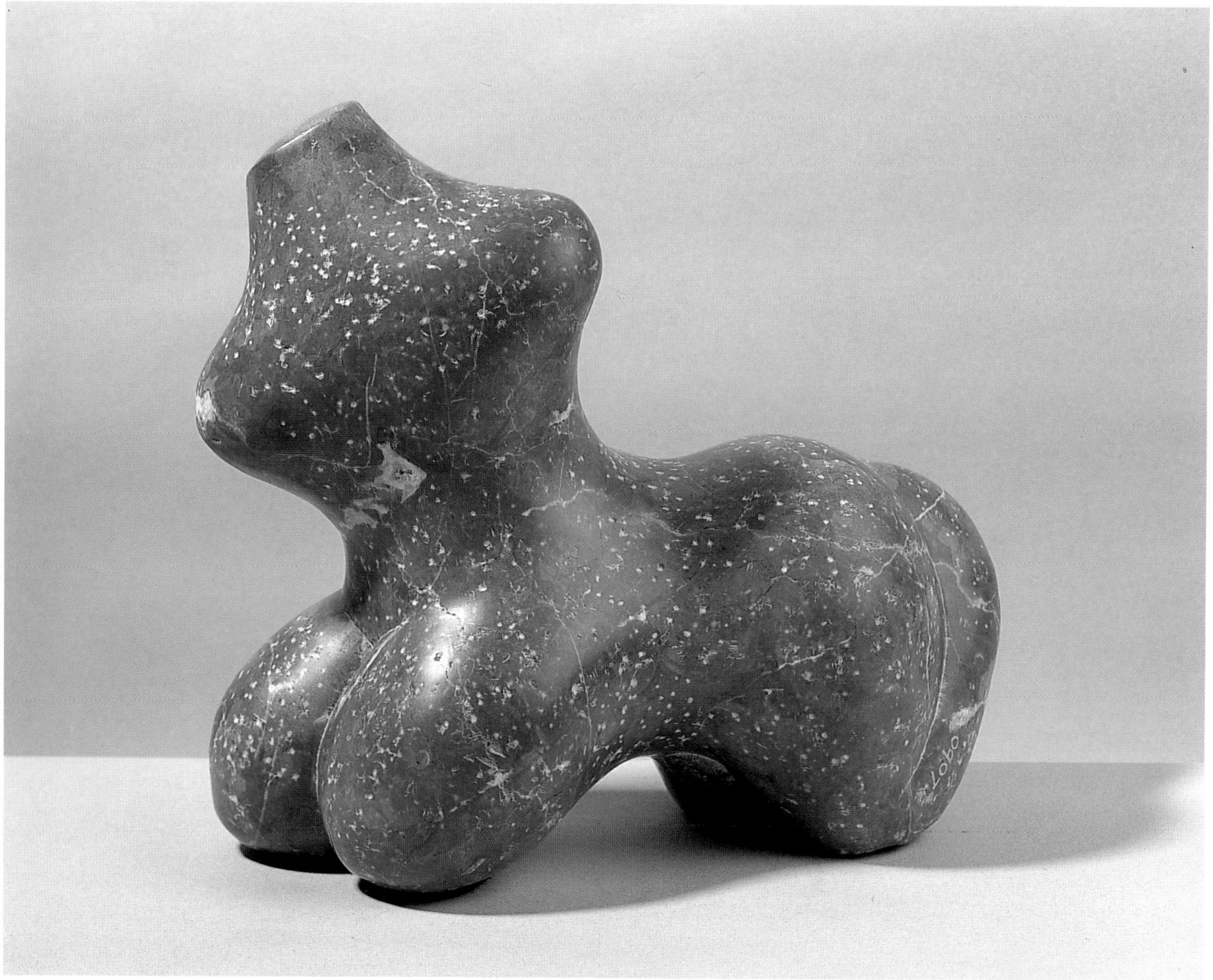

CENTAURO. 1979

Mármol rojo de Alicante, 29 x 32 x 15 cm

Colección particular, Suiza

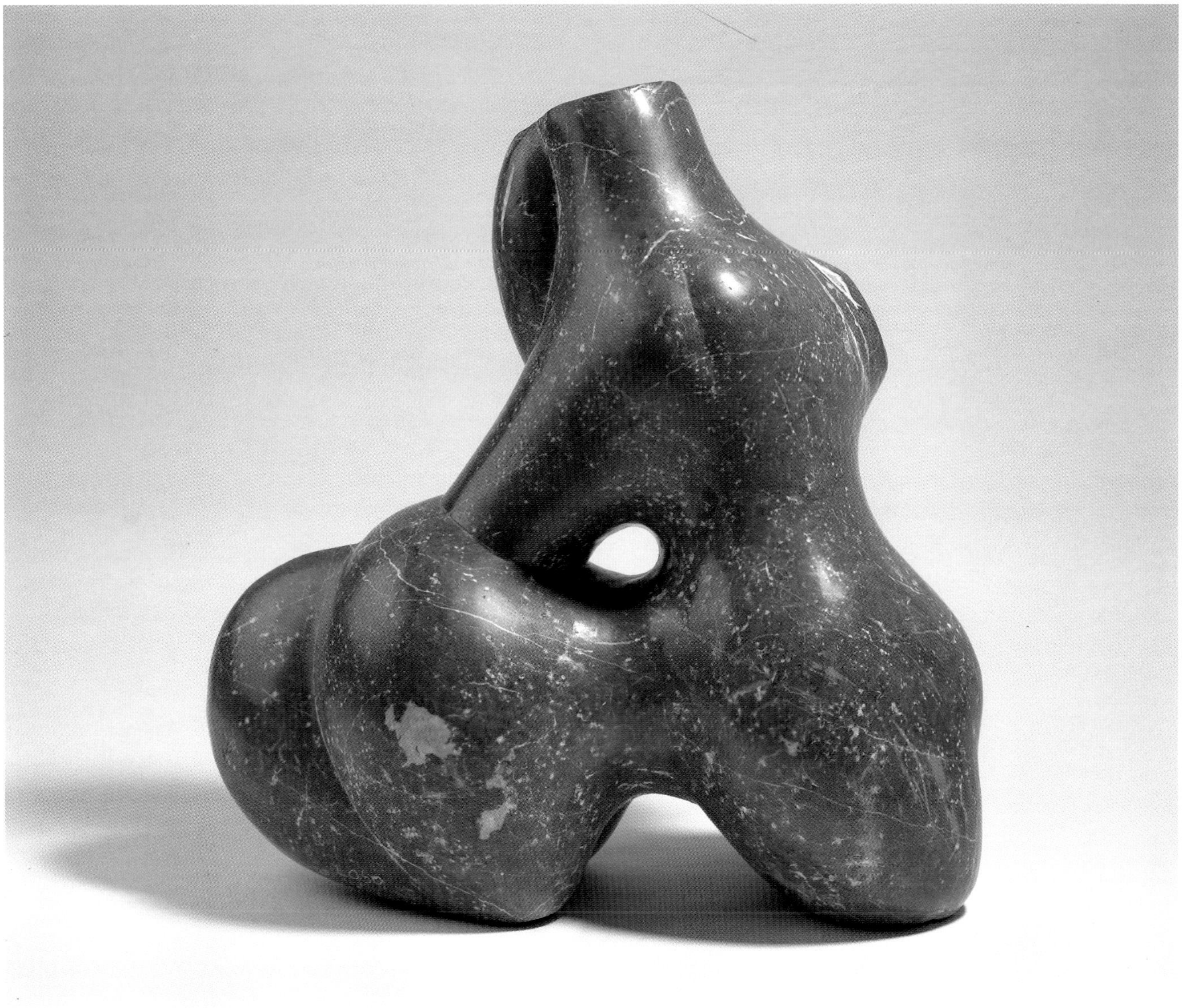

TORSO DE CENTAURA. 1979

Mármol rojo de Alicante, 45 x 45 x 22 cm

Colección particular, Suiza

TORSO CON PAÑO. 1979

Mármol rosa, 32 x 40 x 20 cm

Colección Guillermo Caballero de Luján, Valencia

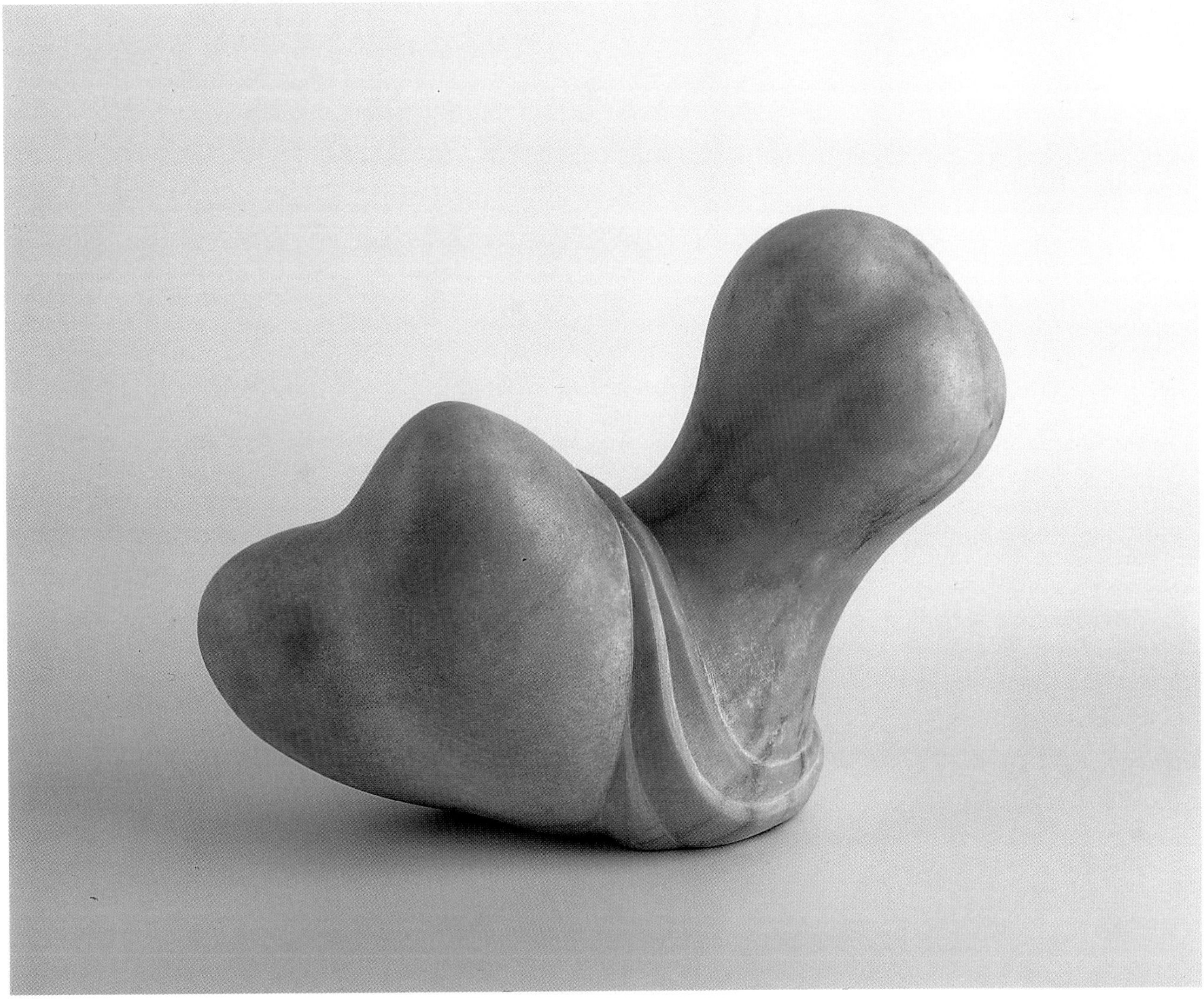

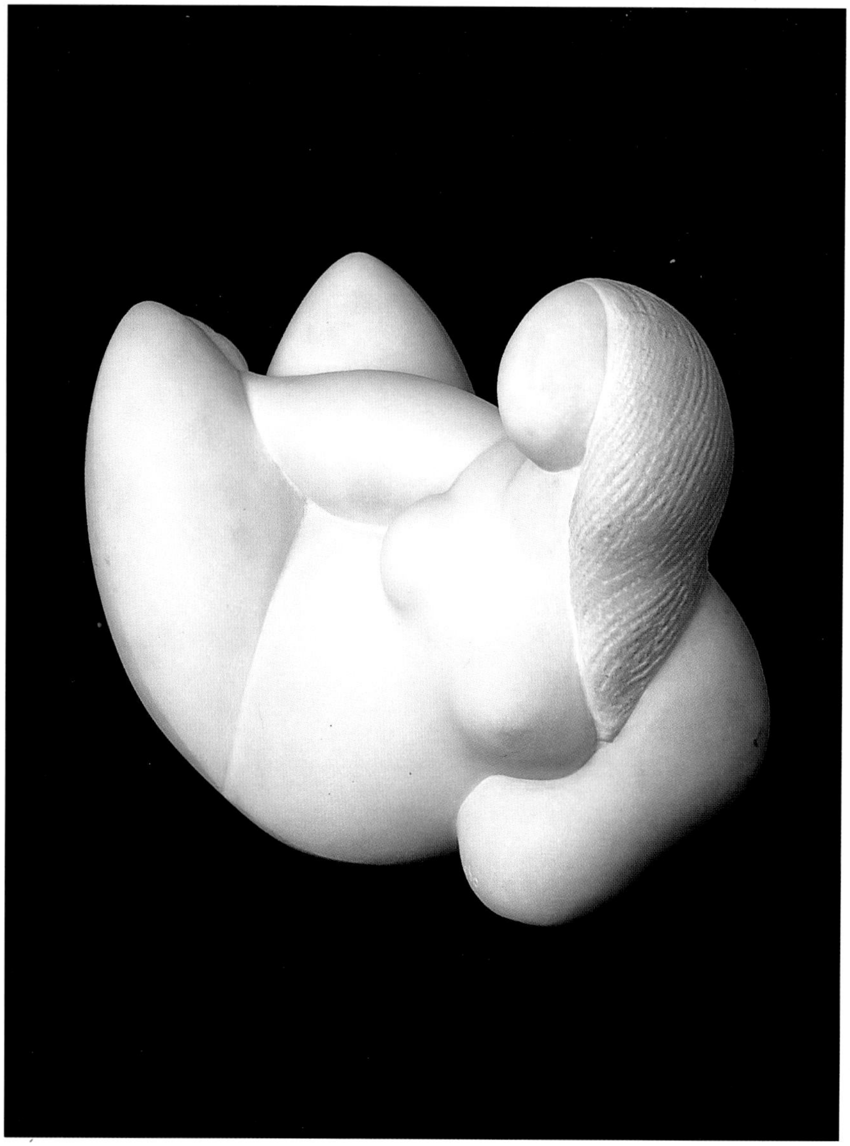

LA ISLA. 1982

Mármol de Carrara, 22 x 29 x 13 cm

Colección G.M.G.

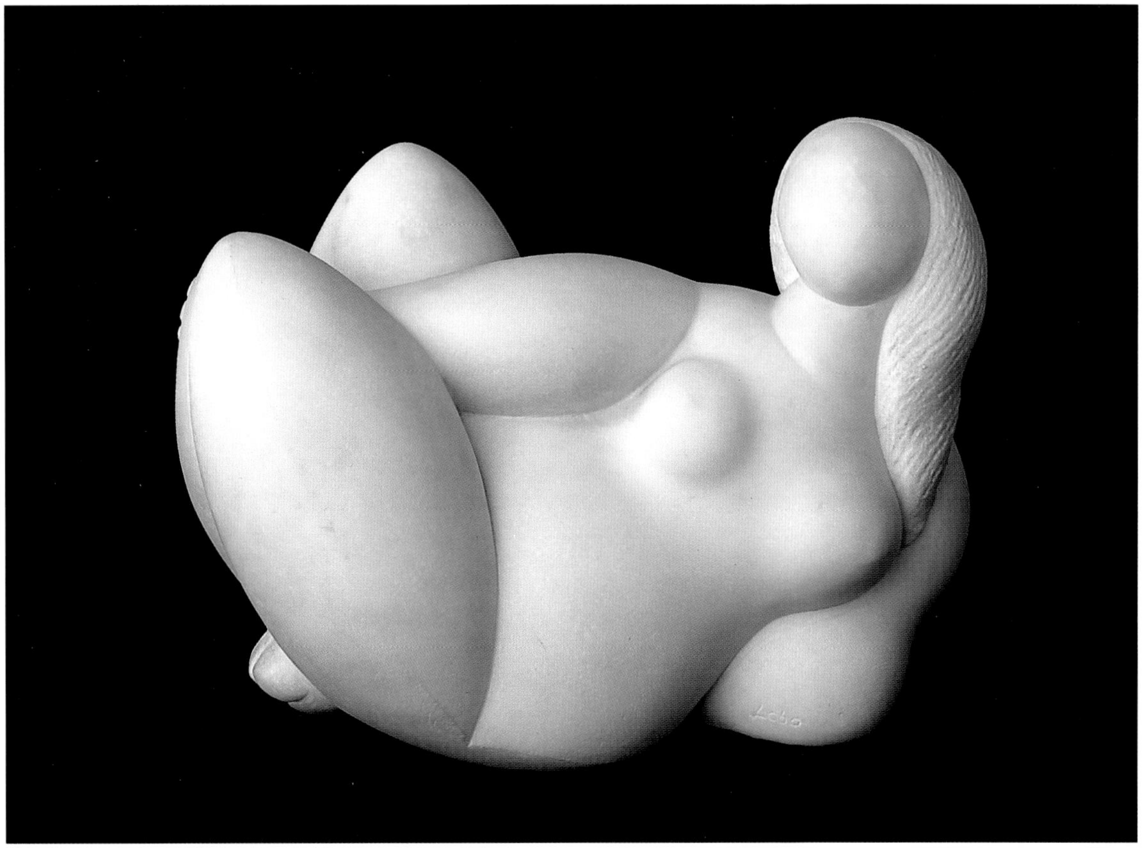

JOVEN ARRODILLADA. 1982-83

Bronce, 111 x 58 x 46 cm

Colección particular, Valencia

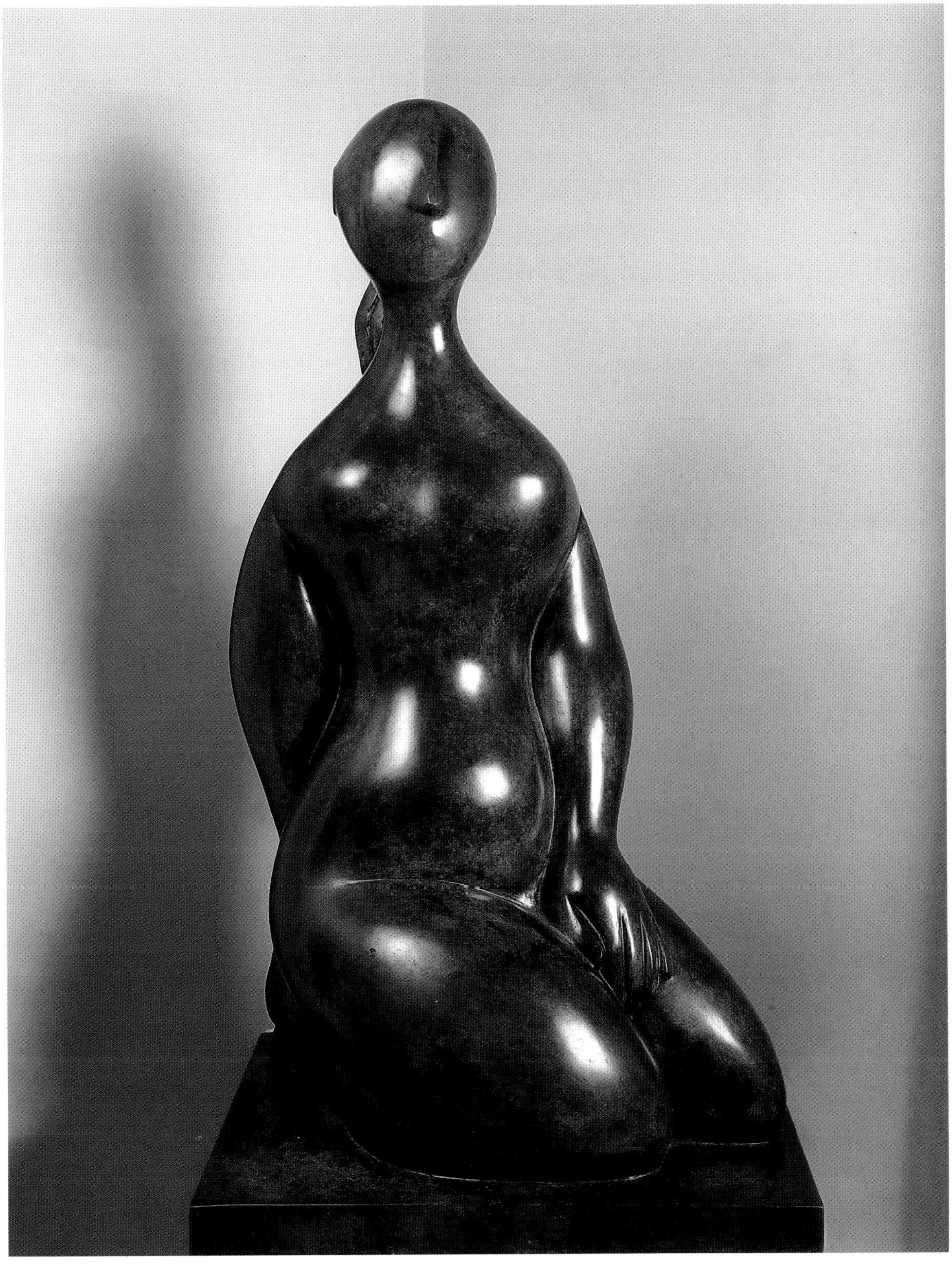

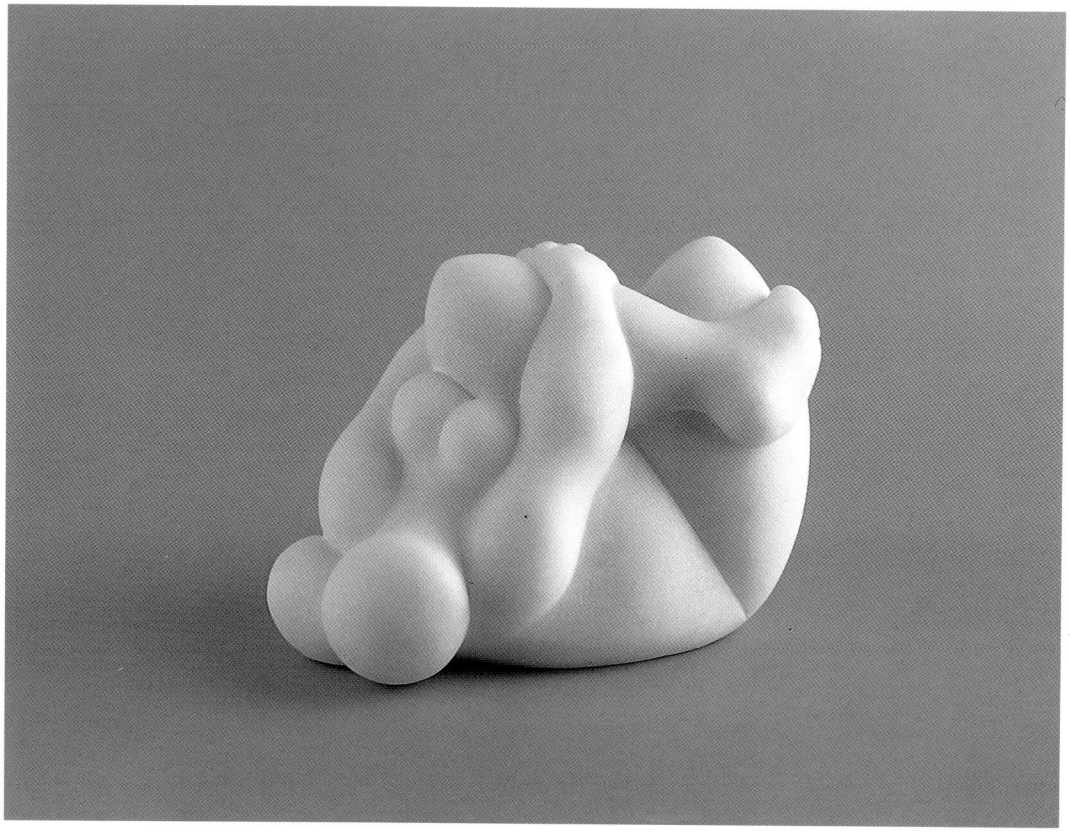

SOBRE LA ARENA (SIESTA). 1983

Mármol de Carrara, 14 x 19 x 14 cm

Colección particular, Valencia

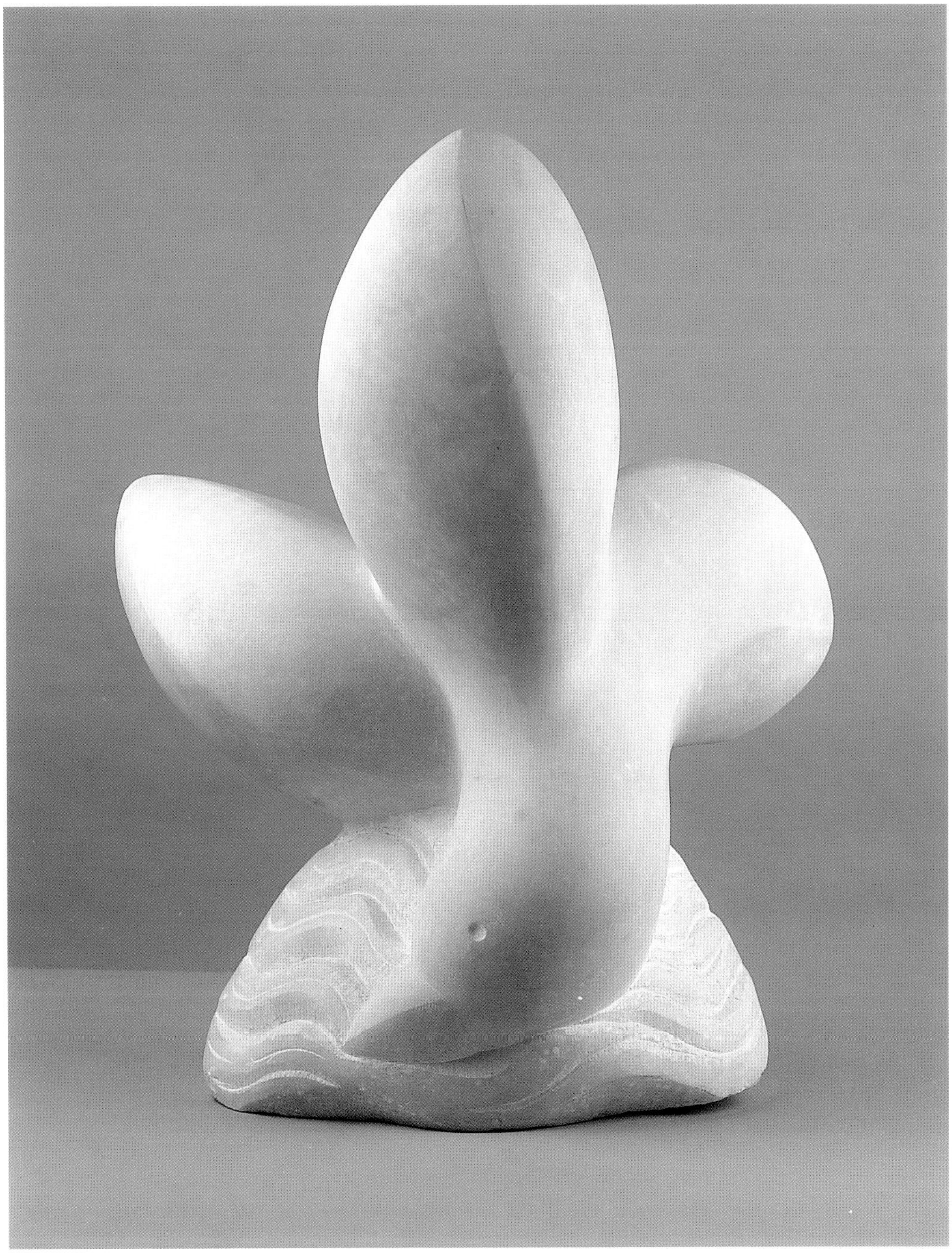

GAVIOTA. 1983-84

Mármol blanco de Carrara, 53 x 42 x 26 cm

Galería Nathan, Zurich

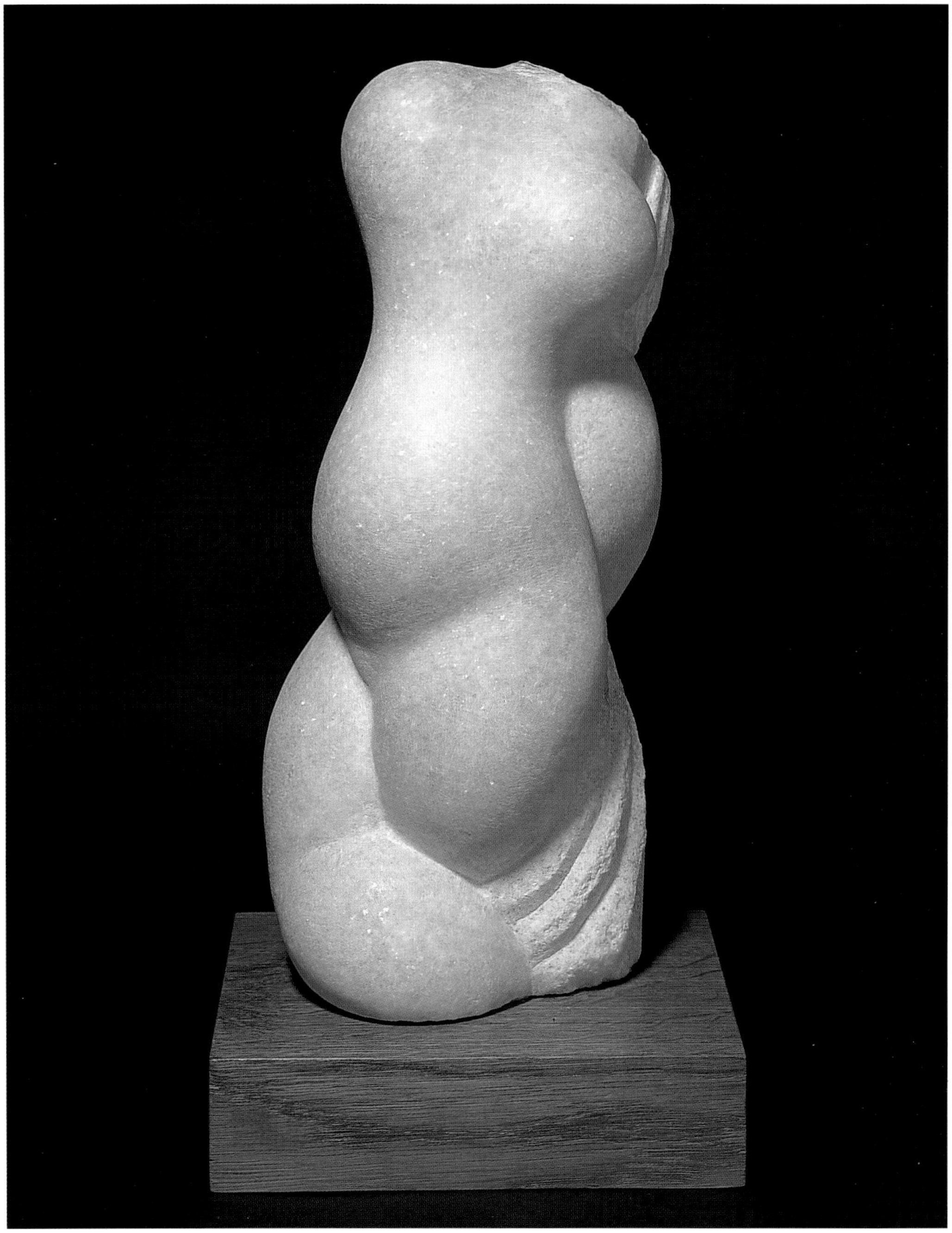

TORSO CON ROPAJE. 1984

Mármol de Milán, 41 x 17 x 15 cm

Colección Barbara Nathan-Neher, Zurich

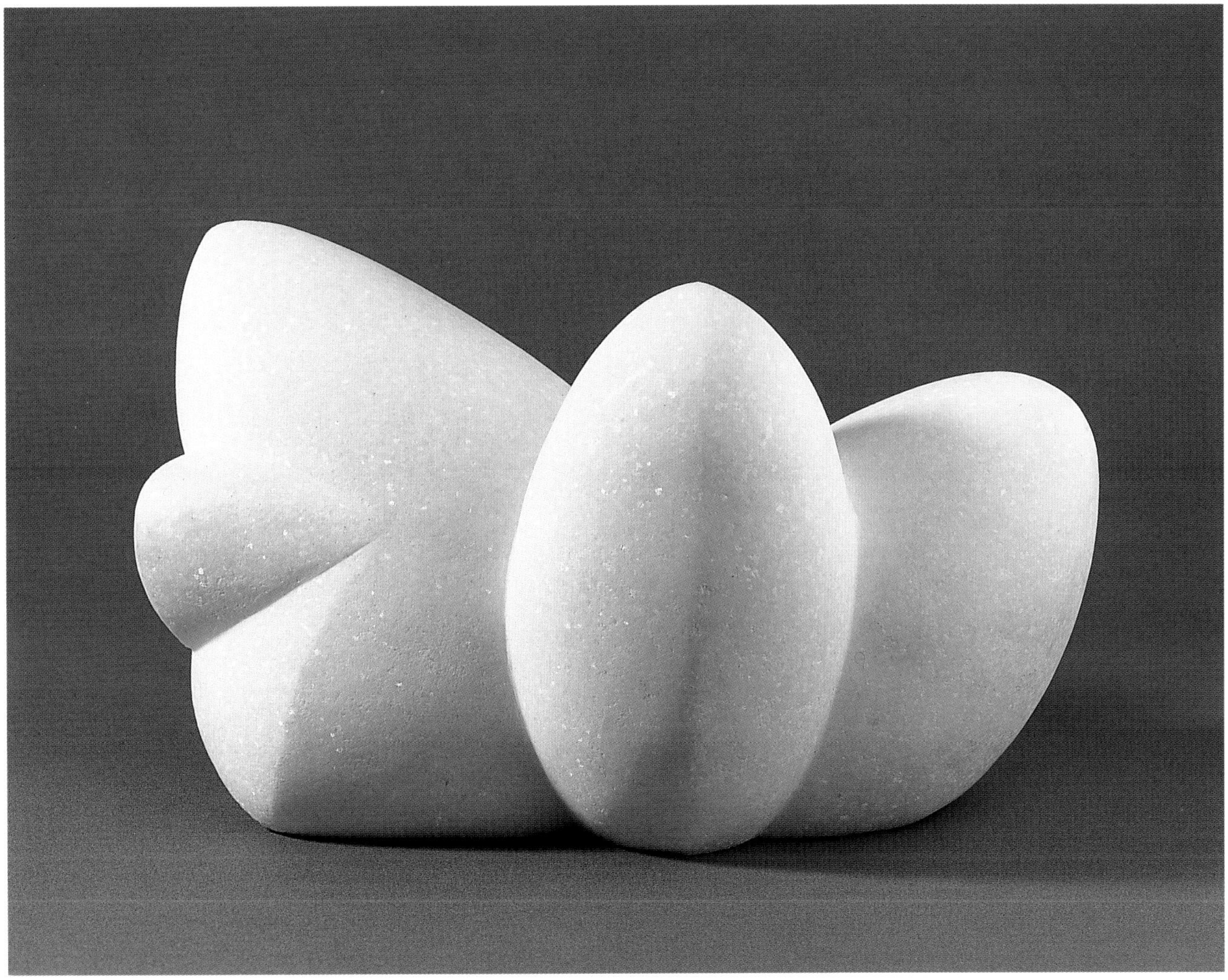

EL DESCANSO. 1985

Mármol blanco de Carrara, 22 x 36,5 x 21 cm

Galería Nathan, Zurich

CRONOLOGÍA Y EXPOSICIONES

1910

Nace el 22 de febrero en Cerecinos de Campos, Zamora.

1921

Estudia en la Escuela Cervantes de Benavente, donde aprende los rudimentos del dibujo.

1922-27

Trabaja como aprendiz en el taller de escultura popular religiosa de Ramón Núñez en Valladolid, esculpiendo santos en madera.

1923

Asiste a los cursos de modelado que se imparten en el Museo de Bellas Artes de Valladolid.

1927

Le conceden una beca para la Escuela de San Fernando de Madrid, donde estudia durante tres meses, hasta que la abandona, perdiendo así la beca que le habían concedido. Asiste a cursos nocturnos de dibujo en la Escuela de Artes y Oficios, y frecuenta el Museo Arqueológico donde descubre el arte ibérico.

1929

Descubre con entusiasmo a Picasso, Gargallo, Dalí, Miró y Bores, entre otros, en una importante exposición de arte contemporáneo realizada en Madrid.

1932

Cumple el Servicio Militar.

1933

Conoce a la que será su esposa, Mercedes Guillén.

1936

Estalla la Guerra Civil. Se casa con Mercedes Guillén.

1938

Su padre muere en un bombardeo, que destruye además el taller del artista. Lobo lucha en el bando republicano y dibuja en revistas anarquistas.

1939

Lobo y su mujer se refugian en París, instalándose en Montparnasse, en el taller abandonado por Naum Gabo. Traba amistad con Henri Laurens y conoce a Picasso.

1945

Participa en la exposición celebrada en la Galería Vendôme de París, *Maestros del Arte Contemporáneo,* junto a Matisse, Leger, Picasso, Laurens, Bonnard y Utrillo, y en la exposición celebrada en el Museo de Luxemburgo de París, *El Arte en Libertad.*

1946

Participa en la exposición *Escultura francesa contemporánea* en la galería Drouin de París que acababa de presentar a Kankinsky y a Dubuffer, en la exposición *Pintores y Escultores Españoles Contemporáneos* celebrada en la gelería Roux-Hentschel de París, y en la exposición *Pintores y Escultores Españoles de la Escuela de París,* celebrada en la galería Manès de Praga.

1947

Participa en el Salon de Jeune Sculpture y en el Salón de Mayo, celebrados en París.

1948-50

Participa en exposiciones de escultura contemporánea celebradas en Oslo, Bruselas, Toulouse, París y Estocolmo, y en el Salon de la Jeune Sculpture de París.

1951

La galería Blanche de Estocolmo le propone la que será su primera exposición individual. Participa en el Salón de Mayo de Tokio y en la Bienal de Escultura de Amberes.

1952

El arquitecto Carlos Raúl Villanueva le encarga la escultura *Maternidad* para la Universidad Central de Venezuela, comenzando una estrecha relación con aquel país que mantendrá hasta su muerte.

1952-93

Participa en exposiciones colectivas en Tokio, París, Burdeos, Amberes, Estocolmo, Helsinki, Berlín, etc., y realiza numerosas exposiciones individuales en París, Caracas, Madrid, Luxemburgo, Zurich, Barcelona, Tokio, etc. En 1977 viaja a Grecia y a Creta, momento a partir del cual retoma en su obra los temas mitológicos. Durante estos años recibe numerosos premios y distinciones como el Premio André Susse de Escultura (1958), el Premio Jacques Lenchener (1974), el Premio Oficial de las Artes y las Letras (Francia, 1981), el Premio Nacional de Artes Plásticas (Madrid, 1984), la Medalla de Oro de Castilla-León (1984), la Orden Andrés Bello del Gobierno de Venezuela (1989) y la Medalla de Oro Susse Frères Fondeur.

1993

Muere en París a la edad de 83 años.

Exposiciones individuales

1951

Galerie Blanche, Estocolmo.

1953

Galerie Evrard, Lille.

1955

Museo de Bellas Artes, Caracas.

1957

Galerie Villand & Galanis, París. Catálogo con texto de Frank Elgar.

1958

Museo de Bellas Artes, Caracas.

1960

Retrospectiva, Museo de Arte Moderno, Madrid. Catálogo con texto de Yvon Taillandier.

1962

Galerie Villand & Galanis, París. Catálogo con texto de Frank Elgar.

1964

Galerie Villand & Galanis, París. Catálogo con texto de Hélène Parmelin.

1966

Galerie Villand & Galanis. París. Catálogo con texto de Jean Guichard Meili.

1968

Fundación Mendoza, Caracas. Galerie Villand & Galanis, París.

1970

Galería Theo, Madrid. Catálogo con textos de Santiago Amon y Caneja.

Galerie Villand & Galanis, París. Catálogo con texto de Hélène Parmelin.

1971

Retrospectiva, Maison de la Culture, Bourges, Francia. Catálogo con texto de Jean Goldman.

Maison du Théâtre, Caen.

1972

Galerie Im Rathaus Tempelhof, Kunstamt Berlin-Tempelhof, Berlín. Catálogo con textos de Helmut Uhlig, Gaston Diehl & Jean Goldman.

Galería Theo, Valencia.

1973

Städtische Kunsthalle, Düsseldorf.

Galería Theo, Valencia.

Museo de Ulm, Alemania.

Musée du Luxembourg, Luxembourg.

1974

Galería Bilbao, Bilbao.

1975

Musée de L'état, Luxemburgo.

1976

Galerie Nathan, Zürich. Catálogo con texto de Joseph-Emile Müller.

1977

Galería Italia, Alicante.

Galerie Kutter, Luxemburgo. Catálogo con texto de Joseph-Emile Müller.

Galería Theo, Barcelona.

1978

Galería Theo, Valencia.

Musée Toulouse-Lautrec, Albi, Francia. Catálogo con texto de Gaston Diehl.

1979

Galerie Ann Blanc, Marly-Le Roi, Francia.

Galerie Nathan, Zürich. Catálogo con texto de Gaston Diehl.

1980

Galerie Paul Valloton, Lausanne.

Galerie Appel und Fertsch, Frankfurt. Catálogo con texto de Walter Scharf.

Galería Italia 2, Alicante. Catálogo con texto de Francisco Pastor.

Galería Theo, Valencia.

1981

Galería Freites, Caracas. Catálogo con texto de Gaston Diehl.

1984

Alcaldía, Cerecinos de Campos, España. Catálogo con texto de Gregorio Gallego.

Sala de Exposiciones, Caja de Zamora, Zamora. Catálogo con texto de Gaston Diehl.

Galería Theo, Valencia.

1985

Galerie Nathan, Zürich.

1988

Galerie Daniel Malingue, París. Catálogo con texto de Gaston Diehl.

1989

Galerie Nichido, Tokio. Catálogo con texto de Gaston Diehl.

Museo de Arte Contemporáneo de Caracas, Caracas. Catálogo con textos de Gaston Diehl y Ariel Jiménez.

1992

Neue Galerie der Stadt Linz Wolfgang-Gurlitt-Museum, Linz.

Kunsthalle, Tübingen.

Museo de Arte de Umeda, Osaka.

Museo de Tokio, Tokio.

Hasegawa Art. Nagoya.

1993

Galería Freites, Caracas.

1994

Lobo, esculturas - Torres García, arte constructivo, Galería Leandro Navarro, Madrid.

1995

Lobo, Tradition et Modernité, Centre d'Arts Plastiques, Royan. Catálogo con texto de Maryvonne Georget.

Lobo. Esculturas y dibujos, 1910-1993, Iglesia de la Encarnación, Zamora. Catálogo con texto de Álvaro Martínez-Novillo.

Exposiciones colectivas

1945

El Arte en Libertad, Musée du Luxembourg, París.

Maestros del Arte Contemporáneo, Galerie Vendôme, París.

Salon de la Jeune Sculpture, París.

Salón de Mayo, París.

1946

Escultura Francesa Contemporánea, Galerie Drouin-David, París.

Pintores y Escultores Españoles Contemporáneos, Galería Roux-Hentschel, París.

Pintores y Escultores Españoles de la Escuela de París, Galerie Manès, Praga.

1947

Pintores y Escultores Españoles Contemporáneos, Museo de Castres.

Salon de la Jeune Sculpture, París.

Salón de Mayo, París.

1948

El Arte Francés Contemporáneo, Händverkeren, Oslo.

El Arte Francés Contemporáneo, Kunsthall, Estocolmo.

La Escultura Contemporánea, Salón de la Bienal, Bruselas.

Salon de la Jeune Sculpture, París.

1949

El Arte Francés Contemporáneo, Musée des Augustins, Toulouse.

La Escultura en Francia de Rodin a Nuestros Días, Maison de la Pensée Française, París.

Artistas Españoles de la Escuela de París, Galerie Apollo, Bruselas.

Salon de la Jeune Sculpture, París.

1950

La Escultura al Aire Libre, Musée Erasme, Bruselas.

1951

Salón de Mayo, Museo de Arte Moderno, Tokio.

Bienal de Escultura, Amberes.

1952

El Arte Francés Contemporáneo, Museo Nacional de Arte Moderno, Tokio.

Tres Escultores (con Dufresne y Culentianos), Galerie Villand & Galanis, París.

Salon de la Jeune Sculpture, París.

1954

El Arte Francés Contemporáneo, Museo de Bordeaux, Burdeos, Francia.

Exposición de Escultores al Aire Libre, Parc du Middelheim, Amberes.

1955

La Escultura Contemporánea, Musèe Rodin, París.

Exhibición al Aire Libre de Escultura Europea Moderna, Sonsbeek-paviljoen, Arnhem.

Bienal de Escultura, Amberes.

1956

El Arte Francés Contemporáneo, Riksforhundert Bildaute Konst. Estocolmo.

El Arte Francés Contemporáneo, Museo de Bellas Artes, Helsinki.

La Escultura Contemporánea, Musée Rodin, París.

Salón Grandes y Jóvenes de Hoy, París.

1957

La Plástica Francesa, Galerie Springer, Berlín.

Salón Grandes y Jóvenes de Hoy, París.

1958

El Arte Francés Contemporáneo, Musée du Château, Yverdon.

La Escultura Contemporánea, Musée Rodin, París.

1960

Salón Grandes y Jóvenes de Hoy, París.

1961

El Arte Francés Contemporáneo, Konsthall Lund, Suecia.

1962

La Escultura Contemporánea, Parc Municipal, Montauban.

Salón de Mayo, Diario Mainichi, Tokio.

Salón Grandes y Jóvenes de Hoy, París.

1964

Salón Grandes y Jóvenes de Hoy, París.

1965

Salón de Mayo, París.

Salón Grandes y Jóvenes de Hoy, París.

1966

Premio Susse de Escultura, Musée Galliéra, París.

1968

Arte Contemporáneo, Galerie Appel und Fertsch, Frankfurt.

1969

André Lanskoy, Baltasar Lobo, Galerie Peter Nathan & Walter Scharf, Zürich. Catálogo con texto de Frank Elgar.

1971

Formas Humanas, Musée Rodin. París.

De Rodin a Nuestros Días, Galería Theo. Madrid.

1972

Pintores Mediterráneos, Galería Theo. Valencia.

1973

Escultura Francesa Contemporánea, Exposición Itinerante por América Central y del Sur, Nueva Zelandia, Australia y España, bajo el auspicio del Ministerio de Asuntos Culturales Francés.

Tres Escultores de la Escuela de París, Musée de Metz.

Lobo, Müller, Hadju, Musée d'Histoire et d'Art, Luxemburgo.

Homenaje a Picasso, Salle d'Exposition de la Mairie, Saint Etienne.

Grandes Maestros de Hoy, Mairie, Sotteville Les Rouen.

Maestros Europeos, Galería Theo, Valencia.

Biennale du Bronzeto, Padua.

Bronces Contemporáneos, Alwin Gallery. Londres.

Seis Pintores, Tres Escultores, St. Germain-en-Laye.

Salon Isay-les-Moulineux, Francia.

Mairie de Salleville, Francia.

1974

Formas Humanas, Musée Rodin, París.

Arte de Nuestro Tiempo, Galería Theo, Valencia.

Seis Escultores Contemporáneos, Le Trianon. París.

Los Amigos de Bores, Galería Theo, Madrid.

Exposición Inaugural, Galerie Nathan, Zürich.

Once Escultores, Galerie du Cerceau, París.

Feria Internacional de Arte, Basilea.

Feria Internacional de Düsseldorf, Düsseldorf.

1975

El Pequeño Bronce de Rodin a Nuestros Días, Musée Rodin, París.

La Escultura en la Ciudad, Instituciones Públicas, Vitry sur Seine.

Homenaje a Picasso, de Pintores y de Escultores, Mairie, Saint-Etienne, Francia.

Seis Pintores, Tres Escultores, Centre Culturel, Saint Germain-en-Laye, Francia.

El Arte Francés Contemporáneo, Teherán.

Españoles Universales, Galería Theo, Madrid.

Bronces Contemporáneos, Alwin Gallery, Londres.

Ventana al Arte Contemporáneo, Galerie Le Miroir, París.

Artistas Españoles de la Escuela de París, Galería Theo, Madrid.

Aspectos del Arte Contemporáneo, Galería Theo, Barcelona.

1976

Formas Humanas, Musée Rodin, París.

Esculturas al Aire Libre, Castillo Lanzarote, Lanzarote.

Formas en el Espacio, Galería Theo, Madrid.

Artistas Españoles de la Escuela de París, Galería Theo, Barcelona.

1977

Tres Pintores, Tres Escultores, Centre des Arts du Vésinet, Francia.

Juventud y Deporte, Fondation Coubertin, París.

Diez Años de la Galería, Galería Theo, Madrid.

1978

I Trienal de Escultura Internacional, Palais Royal, París.

Formas Humanas, Musée Rodin, París.

Antiguos y Contemporáneos, Galerie Nathan. Zürich.

Arte Contemporáneo 78, Musée Eugène Boudin, Honfleur.

Arte Contemporáneo, Musée des Arts, Brest. Honfleur.

Escultura, Musée Wlerick. Mont-de-Marsan.

1979

Elogio del Pequeño Formato, Musée Vera, Saint Germain-en-Laye.

Exposición Colectiva, Musée d'Art Contemporain, Pontoise.

Arte Moderno y Centro Cultural Valery Larbaud, Vichy.

I Festival de Escultura al Aire Libre, Auvers sur Oise.

Pintores y Escultores Contemporáneos, Galerie Appel und Fertsch, Frankfurt.

Exposición Colectiva, Galerie Anne Blance, Marville-Le-Roi.

Madre e Hijo, Jardines André Malraux, Saint-Germain-en-Laye.

1980

Formas Humanas, Musée Rodin, París.

Salon Comparaisons, Grand Palais, París.

Madre e Hijo, Fallanden, Zürich.

1981

Salon Comparaisons, Grand Palais, París.

Artistas Contemporáneos, Mairie du 15ème, Arrondissement, París.

Exposición Colectiva, Galerie Appel und Fertsch, Frankfurt.

Colectiva, Galerie Joubert, París.

Picasso y sus Amigos Españoles, Galería Theo, Valencia.

1982

Exposición Colectiva, Galerie Paul Vallotton, Lausanne.

1983

Salon Comparaisons, Grand Palais, París.

Exposición Colectiva, Galerie d'Art et des Loisirs, Le Vèsinet.

Arte Contemporáneo, Galerie Kutter, Luxemburgo.

1984

Exposición Colectiva, Musée d'Art Contemporain, Vichy.

Salon Comparaisons, Grand Palais, París.

Exposición Colectiva, Palacio del Congreso, Madrid.

Exposición Colectiva, Galerie Kutter, Luxemburgo.

1985

Exposición Internacional de Bronces Pequeños y Modelos para Esculturas, Musée Bourdelle, París.

III Trienal de Escultura, Jardin des Plantes, París.

La Marca del Bronce, Galerie Ile des Arts, París.

De Rodin a Nuestros Días, Galería Theo, Valencia.

1986

Bajo el Signo de Tauro, Théâtre du Rond Point, París.

Maestros Impresionistas y Modernos, Galerie Daniel Malingue, París.

Bestiario, Artcurial, París.

1987

Los Maestros del Bronce, Orangerie, Bagatelle.

Bajo el Signo de Tauro, Mónaco.

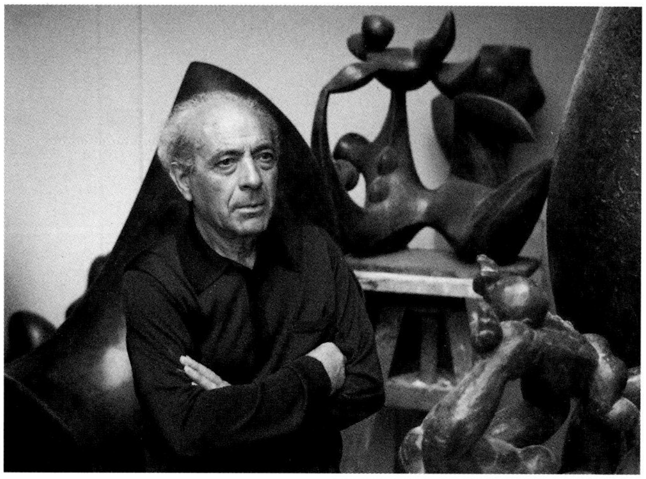

Baltasar Lobo en su estudio.

Zoo, Arcurial, París.

Maestros Impresionistas y Modernos, Galerie Daniel Malingue, París.

1988

Maestros Impresionistas y Modernos, Galerie Daniel Malingue, París.

1989

Maestros Impresionistas y Modernos, Galerie Daniel Malingue, París.

Aspectos del Arte Moderno en Francia, Galerie Daniel Malingue, París.

La Europa de los Grandes Maestros cuando Ellos eran Jóvenes, Musée Jacquemart André, París.

Idiomas de la Escultura Contemporánea 2, Loggia di Fra Giocondo, Palazzo Miniscalchi-Erizzo, Verona.

1990

De la Escuela de París, Galería Theo, Valencia.

Pasión Escultórica, Monte Carlo Sporting Club, Montecarlo.

30 Artistas, Galería Freites, Caracas.

Escultura Contemporánea, Galería Freites, Caracas.

Maestros Impresionistas y Modernos, Galerie Daniel Malingue, París.

Veinte Años 20, Galería Theo, Valencia.

1993

Artistas españoles de París: Praga, 1946, Sala de Exposiciones Casa del Monte, Madrid.

CATÁLOGOS EDITADOS

Fundación Cultural **MAPFRE VIDA**

1988 **7 ESCULTORES CON EL PREMIO PENAGOS**
Con texto de Francisco Calvo Serraller
P.V.P.: 1.500 ptas.

1989 **EUGENIO GRANELL**
Con textos de Juan Manuel Bonet y André Breton
P.V.P.: 3.295 ptas.

ANDREU ALFARO. DE GOETHE Y NUESTRO TIEMPO
Con textos de Francisco Calvo Serraller y José Martín
P.V.P.: 3.000 ptas.

LUIS SEOANE
Con textos de varios autores
[Agotado]

1990 **DANIEL BUREN. EL COLOR Y SU REFLEJO. TRABAJOS PARA UN ESPACIO**
Con texto de Pablo Jiménez Burillo
P.V.P.: 1.000 ptas.

EL SETTECENTO VENECIANO. ASPECTOS DE LA PINTURA VENECIANA DEL SIGLO XVIII
Palacio de la Lonja-Palacio de Sástago. Zaragoza
Con textos de Giandomenico Romanelli, Julián Gállego,
Pablo J. Rico, Attila Dorigato y Filippo Pedrocco
[Agotado]

EL SURREALISMO ENTRE VIEJO Y NUEVO MUNDO
En colaboración con la Sociedad Estatal Quinto Centenario
Con textos de varios autores
[Agotado]

1991 **GARGALLO. LA NUEVA EDAD DE LOS METALES**
Con textos de Philippe Dagen y Rafael Ordóñez Fernández
P.V.P.: 3.500 ptas.

JAPAN PRINT '91
Con texto de Junji Ito
Ed. castellano-inglesa
P.V.P.: 2.000 ptas.

EL AUTORRETRATO EN LA PINTURA ESPAÑOLA, DE GOYA A PICASSO. I PARTE
Con texto de Wifredo Rincón García
P.V.P.: 3.000 ptas.

1992 **ALBERTO GRECO**
En colaboración con el IVAM de Valencia
Con textos de Antonio Saura, José Hernández,
Eduardo Arroyo, Manolo Millares y Francisco Rivas
[Agotado]

JOSÉ GUTIÉRREZ SOLANA
Con textos de Francisco Calvo Serraller y Luis Alonso Fernández
P.V.P.: 3.500 ptas.

VENANCIO BLANCO
Con textos de Álvaro Martínez Novillo, Javier Tusell
y José Luis Fernández del Amo
P.V.P.: 4.000 ptas.

EL DIBUJO, BELLEZA, RAZÓN, ORDEN Y ARTIFICIO
En colaboración con la Diputación de Zaragoza
Con textos de Juan José Gómez Molina, Juan Bordes,
Alfonso E. Pérez Sánchez, Lino Cabezas, Antonio Bonet Correa,
Ruiz Ortega, Ángel Azpeitia, Alfredo Romero Santamaría
y Jaime Ángel Canellas
[Agotado]

CARMEN LAFFÓN. BODEGONES, FIGURAS Y PAISAJES
Museo Nacional Centro de Arte Reina Sofía
Con textos de Jacobo Corinés, Kevin Power, E. Llosent
y Marañón, José Bergamín y Luis Felipe Vivanco
Ed. castellano-inglesa
P.V.P.: 3.500 ptas.

1993 **JUAN BARJOLA**
Con textos de Miguel Logroño, Fernando Huici
y Pablo Jiménez Burillo
P.V.P.: 3.500 ptas.

JULIÁN GRAU SANTOS
Con textos de Julián Gállego, Rafael Santos Torroella
y Pablo Jiménez Burillo
P.V.P.: 3.500 ptas.

JULIO ROMERO DE TORRES
Con texto de Francisco Calvo Serraller
P.V.P.: 3.000 ptas.

1994 **EL AUTORRETRATO EN ESPAÑA. DE PICASSO A NUESTROS DÍAS**
Con textos de Francisco Calvo Serraller y Pablo Jiménez Burillo
P.V.P.: 3.000 ptas.

LA IMAGEN CONGELADA
Fotografía y Cine
Con textos de varios autores
[Agotado]

PANCHO COSSÍO (1894-1970)
Con textos de Pablo Jiménez Burillo, Fernando Huici
y Juan Pérez de Ayala
P.V.P.: 3.000 ptas.

PREMIO PENAGOS DE DIBUJO
XII Convocatoria
P.V.P.: 1.000 ptas.

1995 **CIEN AÑOS DE PAISAJISMO CATALÁN. DE PICASSO A NUESTROS DÍAS**
Centenario de la muerte de Lluis Rigalt, Ramón Martí Alsina y Joaquín Vayreda
En colaboración con el Museu Nacional d'Art de Catalunya
Con textos de varios autores
[Agotado]

PINTURA ESPAÑOLA DEL SIGLO XIX
Del Museo de Bellas Artes de La Habana
Con textos de Manuel Crespo Larrazábal
y Francisco Calvo Serraller
[Agotado]

BEAUTIES
La fascinación de las estrellas del cine
Con textos de varios autores
P.V.P.: 1.000 ptas.

PREMIO PENAGOS DE DIBUJO
XIII Convocatoria
P.V.P.: 1.000 ptas.

JOAQUÍN SOROLLA
Con textos de Pablo Jiménez Burillo, Miguel Zugaza Miranda
y Florencio de Santa-Ana Álvarez-Ossorio
P.V.P.: 3.500 ptas.

1996 **EUGENIO LUCAS VELÁZQUEZ EN LA HABANA**
Con textos de Francisco Calvo Serraller
y Manuel Crespo Larrazábal
P.V.P.: 3.500 ptas.

POSTRIMERÍAS
Alegorías de la muerte en el arte español contemporáneo
Con texto de Fernando Huici
P.V.P.: 3.500 ptas.

50 AÑOS DE FOTOGRAFÍA ESPAÑOLA
en la Colección de la Real Sociedad Fotográfica
(1900-1950)
Con texto de Rafael Doctor
P.V.P.: 1.250 ptas.

PREMIO ALMADA NEGREIROS DE PINTURA
III Convocatoria
P.V.P.: 1.000 ptas.

PREMIO PENAGOS DE DIBUJO
XIV Convocatoria
P.V.P.: 1.000 ptas.

FRANCISCO ITURRINO (1864-1924)
Con textos de Petra Joos, Miguel Zugaza y Juan Manuel Bonet
[Agotado]

1997 **PINTURA SIMBOLISTA EN ESPAÑA (1890-1930)**
Con texto de Francisco Calvo Serraller
[Agotado]

Colecciones propias

1989 **PENAGOS (1889-1954)**
Con textos de Rafael Penagos, Antonio M. Campoy,
Manuel Augusto García Viñolas, José Hierro
y Rafael Santos Torroella
P.V.P.: 6.500 ptas.

1991 **JOSÉ GUTIÉRREZ SOLANA**
Colección Fundación Cultural Mapfre Vida
Con textos de Francisco Calvo Serraller y Luis Alonso Fernández
P.V.P.: 3.500 ptas.

1992 **JOSÉ GUTIÉRREZ SOLANA**
Grabados y litografías
Con texto de Luis Alonso Fernández
P.V.P.: 2.500 ptas.